Elke Janßen
Schluss mit Zurechtgestutzt!

Elke Janßen

SCHLUSS
mit Zurechtgestutzt!

Wie du neu entfaltest,
was in dir steckt

 neukirchener

Bibliografische Information der Deutschen Nationalbibliothek:
Die Deutsche Nationalbibliothek verzeichnet diese Publikation in der
Deutschen Nationalbibliografie; detaillierte bibliografische Daten sind im
Internet über http://dnb.d-nb.de abrufbar.

© 2022 Neukirchener Verlagsgesellschaft mbH, Neukirchen-Vluyn
Alle Rechte vorbehalten
Gesamtgestaltung und DTP: Kristina Dittert, FreiSinn, Essen
unter Verwendung von Bildern © AdobeStock
Lektorat: Rahel Dyck, Bonn
Verwendete Schrift: New Order, Ernest and Emily, FF Scala
Gesamtherstellung: Pario Print, Krakau
Printed in Poland
ISBN 978-3-7615-6865-1

www.neukirchener-verlage.de

INHALT

VORWORT
Zurechtgestutzt!

Es war einmal eine Wildblume, die fühlte sich falsch, klein und mickrig unter all den Sonnenblumen, die in ihrer Nähe standen. Also versuchte sie, auch eine Sonnenblume zu werden. Eine Sonnenblume wird gesehen, keiner trampelt auf ihr herum. Sonnenblumen sind stark und groß und führen ein tolles, sinnvolles Leben, dachte die kleine Wildblume.

Darauf nickten viele zustimmend mit ihren Blütenköpfen. Sie meinten es ja nur gut, also gaben sie gratis noch ein paar gute Ratschläge, wie die Wildblume zur Sonnenblume werden könnte. Sei nicht so laut, nicht so neugierig, nicht so aggressiv. Streng dich an. Engagiere dich. Entsprich den vorgegebenen und frommen Maßstäben und Bildern. Eifere danach, sei demütig, dann wird dein Leben gelingen. Du wirst stark sein. Gesehen werden, wachsen, einen Zweck erfüllen. Auf Wildblumen aber wird herumgetrampelt.

Also ließ die Wildblume sich beschneiden. Immer wieder ließ sie sich stutzen und alles, was nicht nach Sonnenblume aussah, herausreißen, in der Hoffnung, dass endlich doch eine Sonnenblume aus ihr hervorkroch.

Einmal war es fast so weit. Sie war ein paar Zentimeter größer geworden, es zeigten sich sogar gelbe Blütenblätter. Wohlwollendes Nicken war ihr sicher. Endlich sah sie aus wie eine Sonnenblume, zumindest fast. Aber insgeheim fühlte sich die Wildblume dabei sehr unglücklich.

Also kämpfte sie weiter, um das richtige Sonnenblumengefühl zu bekommen, noch größer zu werden. Sich anzupassen, weiter in Form gebracht zu werden.

Dann kam der Tag, als die Wildblume wieder einmal müde und enttäuscht aufwachte. Ihr Leben fühlte sich fremd an, als würde sie in einem falschen Film stecken. Angst kroch in ihr hoch. Sie stürzte in einige Krisen. Bekam Panikattacken und erstarrte.

Als es bitterkalt war, erblühte neben ihr ein Schneeglöckchen. Das Schneeglöckchen umarmte sie, ja, das konnte das Schneeglöckchen, und dann sprachen sie lange Zeit miteinander. Sie übten gemeinsam, durch die Ängste der Wildblume zu gehen und alle Gefühle dabei auszuhalten. Das Beschnittene sahen sie sich liebevoll an und versorgten die Wunden.

Ja, es war schwierig für die Wildblume, auf scheinbare Stärke und Größe zu verzichten. Sich von den tollen, gelben, vorzeigbaren Sonnenblumen-Blütenblättern zu verabschieden. Das dauerte eine lange Zeit. Eine sehr lange Zeit.

Doch das Schneeglöckchen gab ihr die Zeit und den Raum. Raum für Sehnsucht, Raum für Schmerz. Für Krisen, Rebellion und Bilderkorrekturen. Raum, heil zu werden. Schutz- und Freiräume, um die zu werden, die schon immer in ihr steckte: eine Wildblume mit all ihrer Schönheit und Einmaligkeit. Geliebt.

Ein Baum lächelte ihr bei diesem Prozess fröhlich zu und stärkte sie. Beschützte sie im Sturm. Ließ Sonnenlicht durch seine Blätter scheinen und versorgte sie mit tollen Früchten. Sie wuchs und entfaltete sich. Und das tat ihr unglaublich gut.

Vielleicht kennst du auch dieses Gefühl...

- anzuecken, weil du so bist, wie du bist?

- der Sehnsucht, die du aber nicht zulässt, weil andere dir sagen: „Sei nicht so anspruchsvoll!"?

- der Rebellion, die du unterdrückst, weil nicht sein darf, was du fühlst, denkst und glaubst?

- eines einengenden Gottesbildes, das dir die Luft zum Atmen nimmt?

- von Antreiber- und Glaubenssätzen, die dich klein machen und in eine Sackgasse treiben wollen?

- von Krisen, die deinen Raum so eng machen, dass du meinst, dich nicht mehr bewegen zu können?

- deinen Körper und deine Seele zu vernachlässigen?

- zurechtgestutzt zu werden, sodass du reinpasst in das, was scheinbar vorgeschrieben ist?

Herzlich willkommen, damit bist du nicht allein. Schau dich um, es gibt noch viele andere Wildblumen!

Wie du vielleicht erahnen kannst: Die Wildblume bin ich. Das Schneeglöckchen steht für meine Therapeutin, die mir half, meine Geschichte näher anzuschauen und zu verarbeiten. Später kamen noch andere Blumen dazu (ja, auch Sonnenblumen waren dabei). Menschen, die mich förderten. Ein Baum, Gott, der mir zeigte, wie sehr er mich liebt, genau so, wie ich bin.

Mittlerweile freue ich mich über meine Einzigartigkeit, die Vielfalt, die Gott geschaffen hat. Es gibt Wildblumen, Gänseblümchen, Sonnenblumen, Rosen, Orchideen und so viele mehr. Jede und jeder ist etwas ganz Besonderes und Wertvolles.

Ich bin dankbar für die Begeisterung, Leidenschaft und Liebe zum Leben, die Gott mir ins Herz gelegt hat. Und ich beginne, mich mit meiner Geschichte zu versöhnen. Mir zu verzeihen und mich selbst zu lieben.

Nun erhebe ich meine Stimme für andere, die auch in einen engen Rahmen gepresst worden sind, sei es von anderen oder von sich selbst. Die man beschnitten hat in ihrer Einzigartigkeit, passend für einen Zweck, sodass sie keine Luft mehr zum Atmen und zur Entfaltung haben. Menschen, in deren Leben nicht alles glatt abläuft.

Ich möchte dich ermutigen, näher hinzuschauen, dich ernst zu nehmen, den engen Rahmen zu sprengen. Dich weiter auszudehnen und zu entfalten und zu einer Person zu werden, die einen festen Stand im Leben hat. Sich zeigt, wie sie ist. Sich liebt. Im Leben steht, Stellung bezieht. Spuren hinterlässt. Einen Unterschied macht und mit sich im Reinen ist. Das ist meine Vision. Meine Leidenschaft. Meine Liebe. Und mein Herz schlägt für dich.

Mein Motto als systemische Beraterin ist „Raum für dich". Von daher stelle ich in diesem Buch verschiedene Räume zur Verfügung, in denen du deine Themen behutsam anschauen kannst. Räume, die zugleich Schutz- und Freiräume sind. In denen du nicht allein bist. Gut aufgehoben. Und den Mut findest, die oder der zu werden, die oder der du bist.

Ich bin selbst durch jeden Raum gegangen, auch davon erzählt dieses Buch. Manchmal hätte ich gerne aufgegeben. Zu schmerzhaft empfand ich es an einigen Tagen, mich meiner Verwundung zu stellen und mich damit zu zeigen. Möchte ich das wirklich?

Wie ermutigend war es da für mich, als eine Kundin schrieb: „Du bist authentisch, das gibt mir Raum für mich. Du schreibst auch von Krisen und Brüchen, das befreit mich. Deine Wunden machen meine Wunden möglich." Was für ein Privileg.

Ich glaube daran, dass Veränderungen möglich sind, dass wir aus Sackgassen herauskommen können und unsere Räume erweitern dürfen.

Und auch, wenn nicht alles „heil" wird, bin ich der tiefen Überzeugung, dass wir unserem Schmerz fürsorglich begegnen und unser Leben kraftvoll gestalten dürfen.

Gott liebt die Vielfalt und hat sie erschaffen: die Wildblumen, die Orchideen, die Rosen, die Gänseblümchen. Du bist geliebtes Kind Gottes. Nichts und niemand kann ihn daran hindern, dich zu lieben.

„Es steckt Begehren im Entdecken wollen und im Finden Beharrlichkeit." Dieser Satz auf einem Kalenderblatt elektrifiziert mich.

Ich wünsche dir Begehren und Beharrlichkeit bei dem Thema, das jetzt für dich dran ist. Such dir eins aus. Fang an und hab eine tolle Entdeckungsreise!

Los geht es. Das Abenteuer beginnt!

Herzlich, Elke

Es ist nie zu spät

Es ist nie zu spät
andere zu überraschen
mit deinen Gedanken, deiner Art und
der Wucht deiner Wirklichkeit

Es ist nie zu spät
damit aufzuhören
dich immer wieder rechtfertigen zu müssen

Es ist nie zu spät
zu widersprechen
gerade dann
wenn man es von dir nicht erwartet

Es ist keine Zeit
angepasst und pflegeleicht zu sein

Es ist nie zu spät
das hinter dir zu lassen
was dich beschnitten
und zurechtgestutzt hat
Wunden gut
versorgen zu lassen

Es ist nie zu spät
sich mit anderen auf den Weg zu machen
sich gegenseitig zu ermutigen
Neues zu entdecken
um gemeinsam etwas zu wagen
Verbundenheit einzuüben
und zu feiern

Es ist nie zu spät
zu umarmen
was du bist und werden willst

Es ist nie zu spät
dem zu begegnen
der dich liebt
und geschaffen hat
so wie du bist

— Gott —

KAPITEL 1:
Raum für Sehnsucht

Von der Sehnsucht, ein Teil von Gottes Geschichte zu sein

Ein Flickflack folgte dem anderen. Sie wirbelte durch die Luft. Es war atemberaubend, wie sie so durch den Raum tanzte. Sie war voller Bewegung und ganz bei sich. Leicht sah das aus. Frei und lebendig. Das faszinierte mich sehr. So wollte ich auch gerne sein. Meine Sehnsucht war entfacht: auf Reisen zu gehen. Teil von etwas Schönem zu sein. Mich leicht zu fühlen. Frei. Ich war acht, als ich sie traf, das Mädchen aus dem Wanderzirkus. Zwei Wochen gastierte der Zirkus in unserem Dorf. Musik, Pferde, die rechnen konnten, tolle Akrobaten, Seiltänzerinnen in der Manege. Ich war beeindruckt von dieser Zirkuswelt. Einer Welt voller Fantasie und Abenteuer, so erschien es mir damals.

In der Schule saß sie neben mir, das Mädchen aus dem Zirkus. Wir freundeten uns an. Nach zwei Wochen zog sie weiter mit ihrer Zirkusfamilie. Ich blieb zurück. Fernweh, Sehnsucht. So viel Sehnsucht.

Gönne dir einen Moment, halte inne und schließe die Augen. Spüre deiner Sehnsucht nach. Vielleicht magst du auch in einem Fotoalbum blättern. Suche dir das Foto aus, das dir besonders gefällt. Beschreibe, was du siehst:

- *In welcher Situation warst du?*
- *Wer war dabei?*
- *Was hat dich zum Strahlen gebracht?*

Wie gerne wäre ich mit meiner Freundin mitgezogen. Jeden Tag woanders sein, in einem Wohnwagen, der auch ein Zuhause ist. Vor einem Publikum auftreten, das sich freut und applaudiert. Raus aus der Enge. Raus in die weite, bunte Welt: Farben, Lebendigkeit, Fülle.

Natürlich durfte ich nicht mitreisen. Verständlich aus Elternsicht, unverständlich aus meiner Sicht. Ich verbarg meine Träume, aber die Sehnsucht blieb.

Dabei war ich als Kind gar nicht so der extrovertierte Typ. Im Gegenteil, ich war eher schüchtern und introvertiert. Ich wuchs in einem sehr engen, gesetzlichen, christlich geprägten Umfeld auf. Mit meiner Sehnsucht, meinen Träumen und Überlegungen fühlte ich mich eher als Außenseiterin, die nicht reinpasste, so wie sie war. Zumindest kannte ich niemanden, der genauso empfand wie ich. Dachte ich zumindest. Ich sei zu kompliziert, zu verschlossen, zu muffig, nahm ich wahr. Wollte ich zu viel? War ich zu egoistisch? Zu unangepasst, zu anders?

Also ließ ich mich zurechtstutzen auf das, was den vorherrschenden Regeln entsprach. Ohne dass mir das damals bewusst war oder es jemand böse gemeint hätte. Es gab in meiner Kindheit eine Vielzahl von manchmal auch unausgesprochenen Vorschriften, wie „man" als Christ:in zu sein hatte. Ich verstand die gar nicht alle.

Innerlich rebellierte ich und zog mich zurück. Äußerlich unterdrückte ich meine Gedanken und Empfindungen. Und verkroch mich in meinen Büchern, wo alles sein konnte. Ich hielt mich an Listen, was man angeblich als Christ:in dürfe und was nicht. Schließlich wollte ich nicht in die Hölle kommen. Und Regeln gaben mir ja irgendwie auch vermeintliche Sicherheit und Halt. Die Sicherheit, zu wissen, was „gut" und was „falsch" war. Den Halt, Teil einer Gemeinschaft zu sein. Aber mein Leben wurde in vielerlei Hinsicht sehr klein und eng.

Ins christliche Frauenbild passte ich später auch nicht. Viele Frauen, die ich kannte, arbeiteten ehrenamtlich in der Kinderarbeit, waren nicht berufstätig und trugen den Gemeindebrief aus. Das wollte ich auf keinen Fall. Aber wo sollte ich denn in dieser christlichen Welt vorkommen?

Ich hatte doch meine Sehnsucht nach Weite, nach Abenteuer, danach, Teil von Gottes Geschichte zu sein. Nicht nur in zweiter Reihe zu stehen. Meine Gaben einzusetzen, die scheinbar niemand brauchte. Also wurde ich still, begrub meine Sehnsucht und träumte weiter. Trotzdem.

„Du zeigst mir den Weg, der zum Leben führt. Du beschenkst mich mit Freude, denn du bist bei mir; aus deiner Hand empfange ich unendliches Glück."

Psalm 16,11

Diese Sehnsucht begleitete mich in meiner Kindheit. Der Bibelvers drückte all das aus, was ich mir wünschte, auch wenn ich es damals nicht so in Worte fassen konnte. Sehnsucht nach Fülle und Lebenslust. Manchmal gab es natürlich auch diese Momente von Lebendigkeit und Lebenslust, wenn ich auf der Schaukel in unserem Garten saß. Ich schaukelte gerne und immer höher und höher, meine Zöpfe flogen im Wind, ich konnte über die Bäume sehen, die Katze auf der Mauer, die mich neugierig ansah. Blumen auf der Wiese, ganz unterschiedliche, bunt und fröhlich, die mich anlächelten. Der Himmel schickte mir frischen Wind und berührte meine Haut und meine Seele. Ganz leicht. Ganz fürsorglich. Ganz sacht.

Und wenn ich wollte, konnte ich jederzeit abspringen. Aufstehen, weitergehen, mich ausruhen, Kraft schöpfen, suchen und finden. Entdeckungen machen. Wie leicht sich das anfühlte. Meine Fantasie war immer schon sehr groß. Ich konnte mir unter jeder Baumwurzel eine Welt voller Wunder vorstellen, wo alles möglich war, auch das Unmögliche. Heute fällt mir das viel schwerer. Schließlich möchte ich ja nicht enttäuscht werden. Wie schade eigentlich.

„Es hat keinen Sinn, es zu versuchen", sagt Alice in der Geschichte „Alice hinter den Spiegeln". „Man kann nicht an das Unmögliche glauben." Und sie bekommt eine großartige Antwort: „Ich wage zu behaupten, dass du darin nicht viel Übung hast. Als ich in deinem Alter war, habe ich es immer für eineinhalb Stunden getan. Manchmal habe ich an sechs unmögliche Dinge noch vor dem Frühstück geglaubt."

Wäre jetzt nicht ein wunderbarer Moment, noch einmal Kind zu sein, zu staunen, kurz an Wunder zu glauben? An das Wunder, dass Sehnsüchte sich erfüllen? Das Zurechtgestutzte wieder aufblüht? An das Wunder der Fantasie. Im Hier und Jetzt zu leben. Den Moment zu genießen?

Es müssen nicht anderthalb Stunden sein, aber ich wünsche dir und mir, dass wir ab und zu einmal innehalten, um das Kind in uns zu entdecken. Dass wir Vertrauen investieren, die Augen offenhalten und wieder beginnen, zu träumen und zu staunen. Ja, auch an ein Wunder zu glauben und uns überraschen zu lassen. Einfach so. Geschenkt.

Neugierig geworden?

Vielleicht machst du jetzt eine kleine Pause.
Nimm dir 20 Minuten Zeit, geh raus und schaue genauer hin, was du Schönes (vielleicht auf bekannten?) Wegen für dich (neu) entdeckst. Das können Gegenstände sein, Blumen, Tiere, Unverhofftes oder auch ein Geruch, ein Sonnenstrahl.

Wenn du magst, schreib es dir auf, fotografiere es. Schreib ein Gedicht, eine Geschichte dazu.

Vergiss nicht, dir dabei den frischen Wind durch die Haare wehen zu lassen (geht auch mit kurzen grauen Haaren, kann ich bestätigen). Streck die Zunge raus, falls es schneit, fang Schneeflocken mit der Zunge auf. Dreh dich im Sommerwind. Tanze, wenn du magst. Begrüße das Gänseblümchen und staune darüber, was es alles gibt.

Erholt? Prima.
Dann kann es weitergehen.

Hast du was zu schreiben? Eine Tasse Tee oder Kaffee in der Hand? Super. Dann nimm dir jetzt bewusst Zeit für dich und überlege:

- Wovon hast du als Kind geträumt?
- Was hat dich neugierig gemacht?
- Womit hast du gerne gespielt?
- Was war dein Lieblingsbuch?

Du darfst jetzt hier Raum einnehmen.
Wie das geht?

Such dir einen Ort, an dem du dich wohl fühlst. Nimm oder gestalte dir ein schönes Notizheft für dieses Buch. Hier kannst du alles reinschreiben, malen oder einkleben, was du möchtest. Was dir wichtig wird, während du dieses Buch liest. Oder auch, wenn du es zuklappst. Gestalte, was dich erfüllt. Ein Wunder. Eine Inspiration. Einen Segen. Einen Traum. Einen Wunsch. Eine Idee.
Schreib es auf. Lass es erst mal so stehen.

Es ist dein Buch, nur für dich. Du darfst hier träumen, üben, ausprobieren, dir Raum geben, einfach sein, ungefiltert schrei-

ben, nachdenken, was dir jetzt guttut. Nimm dir immer wieder
Zeit mit deinem Notizbuch, nur für dich. Raum für Träume
und Sehnsucht. Raum für unfertige Gedanken, Wunderbares.
Sinnvolles und Sinnloses. Abenteuerland. Raum, der nur dir
gehört.

Lass dich nicht von Kritiker:innen aufhalten, die dir einreden
wollen, immer etwas produzieren und machen zu müssen.
Oder Sinnvolles zu schreiben.

Genieße diesen Moment, nur für dich.
Erzähle jemandem davon.
Dann seh(n)en wir weiter.

Du bist richtig. Du bist wichtig.

Gott freut sich über dich. Er hat dir ein Stück seiner Kreativität und Schöpfungskraft in dein Herz gelegt. Deine Sehnsüchte und Träume. Dein So-Sein und So-Sein-Dürfen, deine Gaben und Fähigkeiten, die du entdecken, entfalten und gestalten darfst und kannst.

Ich möchte dich ermutigen, wieder Träume und Sehnsucht zu haben. Ihnen Raum zu geben. Dich wertzuschätzen, so, wie du bist.

Weiter sehnen ...
- *Wann hat dein Herz das letzte Mal für etwas geschlagen?*
- *Woran erkennen die anderen, wenn du von etwas begeistert bist?*

Weiter dürfen ...
- *Welche Träume hast du vielleicht begraben?*
- *Was möchtest du wieder Neues in dein Leben locken?*
- *Mit wem möchtest du dich darüber unterhalten?*

Der Wecker klingelte, 4.00 Uhr, früher Morgen. Es war noch dunkel. Ich suchte meine Klamotten, spritzte mir Wasser ins Gesicht. Das musste reichen zum Wachwerden. Wir kletterten auf einen Traktor. Er tuckerte los. Die Sonne ging auf. Klare Luft. Wind auf meiner Haut. An der Apfelplantage stiegen wir aus. Pflückten Äpfel, einen Korb nach dem anderen. Dann eine Pause im Schatten. Gemeinschaft mit vielen Jugendlichen aus unterschiedlichen Ländern. Am Abend tanzten wir auf einem freien Feld. Mit nackten Füßen. Ab und an verpackten wir Truthähne, reinigten Toiletten. Machten einen Ausflug, schwer bewacht. Jagten Skorpione. Wir diskutierten viel.

Ich war angekommen, da, wo ich schon immer einmal hinwollte. Ich hatte es geschafft und war nach dem Abi 1982 in einen Kibbuz nach Israel gegangen. Okay, das Geld für den Führerschein ging dabei drauf. Aber das war es mir wert. Und jetzt war ich da. An dem Ort, den ich schon immer mal sehen wollte. Nicht das Touristenland Israel, sondern den Kibbuz, mit seiner so ganz eigenen Lebensform. Alles gehört allen. Alle verdienen gleich viel. Es gab keine Hierarchie, dachte ich. Außerdem wollte ich etwas zur Versöhnung zwischen Jüd:innen und Deutschen beitragen. Sprach mit Menschen, die im KZ gewesen waren. Eine Nummer eintätowiert hatten. Kein Statussymbol wie heute, sondern Zeugnis von Menschenverachtung und Schuld.

Mir ist im Nachhinein schon klar, dass ich vieles sehr idealistisch gesehen habe und meine Ideale der Realität nicht immer standhielten. Aber ich fühlte mich rundherum lebendig. Manchmal schließe ich heute noch die Augen und erinnere mich daran, wie ich vor unserer Hütte im Kibbuz saß und mich umschaute.

Weites Land. Berge im Hintergrund. Links die Gemeinschafts-
räume. Ein Stacheldrahtzaun samt Hunden zäunte den Kibbuz
ein. Doch ich fühlte mich frei. In meinem Element. Ganz bei
mir. Ganz bei Gott. In mir ruhend. Alles andere war weit entfernt. Wie sehr ich das genoss.

Ein merkwürdiger Sehnsuchtsort, magst du denken. Ja, aber
so sind Sehnsuchtsorte manchmal. Ein anderer Sehnsuchtsort
ist für mich die Wüste. Die Weite, das Laufen im Sand. Oasen,
bizarre Landschaften. Das Schnauben eines Kamels, Sturm.
Abends ein Zelt, in dem ich mich wunderbar geborgen fühle.
Das Ratschen des Reißverschlusses, wenn ich das Zelt öffne. Die
Frische am Morgen, einen aufgebrühten Kaffee in der Hand. Ein
fürsorglicher Begleiter, der uns sicher durch die Wüste führt.
Sehnsucht.

So, jetzt bist du dran. Was ist dein Sehnsuchtsort?

- *Wie sieht er aus?*
- *Was schmeckst du?*
- *Was siehst du?*
- *Was hörst du?*
- *Wer ist dabei?*

Sehnsucht.

Die Sehnsucht begleitete und begleitet mich weiter in meinem Leben. Und hört nicht auf. Vielleicht, oder: ja, bestimmt ist das sogar gut so. Hilfreich. Sehnsucht hilft mir dabei, mehr zu wollen. Ein Ziel zu definieren. Mich zu engagieren. Die Segel zu setzen. Neues auszuprobieren. Aber mich auch auszuruhen und zu entspannen, weiter zu sehen.

Die Sehnsucht erwischt mich in schönen und traurigen Momenten, von denen es sehr viele in meinem Leben gibt.

Kennst du sie auch, ...

... die Trauer, wenn alte Gedankenmuster und Ängste dich gefangen nehmen wollen? Die Sehnsucht des Vogels, der in seinem Käfig sitzt und sich nach Freiheit sehnt? Dabei ist die Tür schön längst geöffnet.

... die Sehnsucht nach neuen Abenteuern?

... die Sehnsucht nach Gott, ihn mehr zu erleben und zu erfahren, zu fühlen, zu empfinden? Seine Nähe immer wieder neu zu spüren?

... die Sehnsucht nach Weite, wo deine Seele aufatmen kann, deine Flügel sich entfalten dürfen?

... die Sehnsucht nach Raum und nach Fülle?

... die Sehnsucht nach Orten der Stille, des Zu-Hause-Seins, des Ankommens?

... die Sehnsucht, die Gott dir und uns in unser Herz gelegt hat? Sehnsucht, die zur Erfüllung kommen wird. Manches jetzt schon. Manches später. Aber ganz bestimmt.

- *Du darfst dich sehnen.*
- *Wonach sehnst du dich?*
- *Gib deiner Sehnsucht Raum.*

Eine schöne Zusatzübung: Die Farben der Sehnsucht.

- *Welche Farbe hat deine Sehnsucht?*
  Rot, blau, grün, orange, gelb, rosa ...?
- *Suche dir eine Farbe aus.*
- *Nimm dir einige Zeitschriften, suche nach Textstellen in deiner Sehnsuchtsfarbe und schneide sie aus.*
- *Gestalte eine Collage oder ein Gedicht.*

Meine Lieblingsfarbe ist übrigens Grasgrün.

Betreten verboten

Ein Schild am Rande einer Wiese
Das grüne Gras lächelt mir zu
Vorsichtig
Setze ich meinen Fuß
Auf die Wiese
Die Gräser streicheln
Meine nackten Zehen

Die Gänseblümchen nicken begeistert
Die Wildblumen auch
Die Bienen
Brummen freundlich

Ich betrete die Wiese
Gott steht schon da
Und wartet auf mich
Beide haben wir Sehnsucht
Aufeinander

Komm, sagt er
lass uns endlich
anders leben
dann nimmt er meine Hand

und wir

tanzen
gemeinsam

KAPITEL 2: RAUM FÜR REBELLION
Lasst uns endlich anders leben!

„Schatz! Schaatz, ich muss dir etwas erzählen." Ich unterbreche die Stille am Frühstückstisch. Mein Mann guckt mich neugierig an. „Was ist?" – „Stell dir vor", ereifere ich mich, „als ich bei einer großen Spielzeugfirma nach Weihnachtsgeschenken suchte, fand ich ihre neuen Figuren, die sie auf den Markt bringen: ‚den Chirurgen', ‚die Krankenschwester'. Unglaublich", wettere ich weiter, „unglaublich, und das im 20., nein, 21. Jahrhundert! Hat sich denn gar nichts verändert, bleiben wir ewig bei den immer gleichen stereotypen Rollenbildern stehen?"

Zurechtgestutzt auf ein vorgegebenes Bild, wie man als Frau oder Mann zu sein hat. Gerne auch erweitert auf andere Bilder, die wir oft im Kopf haben. Wie mich das doch immer wieder aufregt!

Rollt da etwa mein Mann mit seinen Augen? Ich weiß es nicht. Ich glaube aber, er lächelt eher und freut sich über mich. „Typisch Elke, aber klasse, wie sie sich aufregt, wie sie sich einsetzt." Lebendig, aktiv.

Doch der Dämpfer kommt prompt. „Sonst noch irgendwelche Probleme", meint eine Freundin mit einem Augenzwinkern, als ich diesen Post bei Facebook freisetze. „Sonst noch irgendwelche Probleme" – klar gibt es schlimmere Themen, über die man sich aufregen kann, als die Frage, warum es keine Chirurginnen in dieser Spielewelt gibt. Aber im ersten Moment finde ich das gar nicht lustig und fühle mich angegriffen.

Blöd. Einfach darüber zu lachen, wäre doch viel leichter. Doch so leicht ist es eben nicht. Unter der Oberfläche meiner Wut steckt die Enttäuschung, wieder in eine Rolle gepresst zu werden, die ich mir offensichtlich nicht aussuchen kann. Zurechtgestutzt. Die Erfahrung, dass Menschen mir vorschreiben wollen, was ich zu tun, zu denken und zu glauben habe, macht mich angreifbar, verletzbar und zornig.

Besonders dann, wenn noch jemand meiner Glaubensgeschwister meint: „Alles gar nicht so schlimm. Was regst du dich wieder so auf? Komm mal wieder runter. Sei nicht so emotional. Sei nicht so rebellisch. Mal wieder typisch. Das ist doch alles gar nicht so schlimm!"

Doch, ist es! Wenn Flügel gestutzt werden, Menschen nicht sein dürfen, was sie sind, Macht missbräuchlich angewendet wird, dann ist das schlimm!

Es gab eine Zeit, wo ich mit der Bibel in der Hand geweint und mich gefragt habe: „Gott, liebst du uns Frauen überhaupt? Liebst du mich? So, wie ich bin?"

Da gibt es die vielen Stellen im Alten Testament, in denen Frauen überhaupt nicht erwähnt oder mitgezählt werden, weil sie scheinbar unwichtig waren. Bibelstellen, in denen Frauen wie Objekte behandelt werden, verheiratet, verkauft, vergewaltigt, weggesperrt. Und Gott sagt dazu scheinbar nichts.

Im Neuen Testament ist es auch nicht viel besser, so empfand ich es zumindest, als ich von der „Hierarchie" las: erst Gott, dann der Mann, dann die Frau. Die Frau soll sich unterordnen. Ist ja nicht so schlimm, dafür wird sie ja vom Mann geliebt, so wie Jesus die Gemeinde liebt. Aber ich will nicht bloß Geliebte sein. Ich will auch lieben. Teil von Gottes Geschichte sein. Nicht in eine vorgeschriebene Rolle gedrängt werden. Sondern selbst entdecken, wer ich bin, und das, was an Begeisterung und Gaben in mir steckt, entfalten dürfen.

Ich setze mich schon lange in unserer Gemeinde für Pastorinnen ein. Seit 30 Jahren bisher vergeblich. Liebst du mich, Gott? So, wie ich bin! Auch da, wo ich nicht ins Schema passe?

Es tat gut, als ich nach meinem Statement auf Facebook Rückmeldungen bekam von Menschen, denen es genauso ging wie mir. Ich bin offensichtlich nicht allein mit meinen Themen.
Jede Aufregung, jedes Thema, das uns bewegt, auch wenn es nach außen manchmal übertrieben und nicht nachvollziehbar wirkt, gibt uns einen Hinweis, was uns im Tiefsten unseres Herzens wichtig ist. Wofür wir uns einsetzen möchten. Was wir teilen wollen.

Ich möchte in diesem Kapitel den Raum eröffnen, dass all das einmal sein darf. Frust, Enttäuschung, Wut, Zorn. Oft haben sie mit unseren Erfahrungen und auch unserer Herkunft zu tun. Unseren Verletzungen. Das, was uns triggert und was nicht, was wir als schlimm empfinden, ist so ganz unterschiedlich. Was wir unglaublich finden, auch. Aber das ist völlig in Ordnung. Wenn wir es aussprechen, uns damit beschäftigen und uns für Gerechtigkeit und Veränderung einsetzen, können wir aus der Opferrolle aussteigen und zu Gestaltenden unseres Lebens werden.

Natürlich gibt es auch für mich noch weitere Themen außer Spielzeugfiguren, die mich beschäftigen. Ich finde es zum Beispiel schlimm, wenn Menschen ins Abseits gestellt werden aufgrund ihrer gesellschaftlichen Stellung oder Bildung. Da feierten wir den Schulabschluss von zwei jungen Menschen. Der eine auf dem Gymnasium feierte teuer im Maritim, schick gekleidet, ein riesiges Event. Der andere, Abschluss in der Hauptschule, in einer gemütlichen Kneipe. Alle brachten etwas mit. Einer spielte Klavier. Einfach schön. Aber gerecht?

Noch nicht mal Kunst- oder Musikunterricht konnte an der einen Schule angeboten werden. Auf dem Gymnasium dagegen gab es eine Fülle an kreativen Angeboten, Sport, Theater, Orchester und so weiter. Nicht zu vergessen ein Nachhilfeangebot. Sowie ängstliche Eltern, die schon bei einer Zwei nervös zusammenzuckten. Wobei das sicherlich für den Nachwuchs eher stressig und belastend war, denke ich. Doch die Frage blieb: Hatte sich denn gar nichts geändert? Entscheidet immer noch die Herkunft über Bildung und Chancen auch später auf dem Arbeitsmarkt?

Aus diesem Frust heraus engagierte ich mich in einem Mentoringprogramm für Mädchen mit Migrationshintergrund an Hauptschulen. Ich begleite eine junge Frau während ihres Abschlussjahres bei der Suche nach einem Ausbildungsplatz. Okay, es war „nur" eine Person, aber für sie machte es einen Unterschied. Und, etwas zynisch gesagt: Heute ist sie systemrelevant und arbeitet als Krankenschwester.

Ein anderes Beispiel: Neulich las ich in einem Verlagsprospekt zu einem neuen Buch: „Was mich immer wieder schrecklich ärgert, ist, dass zum Gebet für Priesterberufungen aufgerufen wird und zum Teil unterstellt wird, das sei wohl nicht stark genug. Dabei erscheint es doch offensichtlich, dass es lange schon erhört wurde. Es gibt sie, die Gebetserhörung, es sind Frauen!" Wow, was für ein Zitat. Ich musste innerlich lachen. Da hatte jemand Humor, in all dem Schmerz, den viele Frauen bei diesem Thema empfinden. Egal ob katholisch oder evangelisch oder freikirchlich.

Und dann hielt ich das Buch von Timo Platte: „Nicht mehr schweigen – der lange Weg queerer Christinnen und Christen" in den Händen und mein Herz zerbrach, als ich von den ehrlichen Berichten engagierter und leidenschaftlicher Christ:innen las, die aufgrund ihrer Sexualität in freikirchlichen Gemeinden oftmals von Ämtern ausgeschlossen und rausgeschmissen wurden. Offensichtlich reicht es eben nicht aus, dass man „Jesus lieb hat", wie so oft gepredigt wird.

Unglaublich auch, als mich ein „lieber Bruder" bei einem Event für Coaching und Beratung fragte, warum ich meinen Job als Beraterin nicht ehrenamtlich für den Herrn machen würde. Der Bruder neben mir wurde nicht gefragt. Als Mann ist es wohl selbstverständlich, dass er Geld verdienen darf.

Ganz besonders schlimm finde ich es, wenn Menschen sagen, nur weil ich von einem Thema betroffen bin und mich deshalb damit auseinandergesetzt habe, wäre ich nicht mehr objektiv oder sachlich. Was für ein Unsinn.

Alles gar nicht so schlimm?
Doch, ist es! Mein Herz weint. Und ich empfinde Schmerz darüber, wenn Menschen scheinbar nicht sein dürfen, wie sie ge-

dacht und geschaffen sind, weil andere glauben, es besser zu wissen. Unglaublich, dass es missbräuchliche Machtstrukturen gibt, auch in Gemeinden. Traurig, wenn Berufungen ins Lächerliche gezogen werden, weil nicht sein kann, was nicht sein darf. Und ja, es ist schlimm, wenn unsere Flügel gestutzt werden und unser Leben eng wird.

Ich weiß nicht, über was du dich aufregst, was du schlimm findest oder was dich traurig macht. Vielleicht sind es Themen wie Krankheit, psychische Belastungen, Singlesein, Klimawandel, Verletzungen, Verlust, lieblose Kindheit, Kinderlosigkeit oder andere Fragen.

Schreibe sie einmal auf.
- *Über was regst du dich gerade auf?*
- *Was ist für dich schlimm?*
- *Was enttäuscht dich?*

Suche dir Menschen, die dir zuhören und Ähnliches erlebt haben. Tausche dich mit ihnen aus. Wer könnte so ein Mensch sein?

Ich habe mich im Laufe der Jahre mit verschiedenen Persönlichkeitsmodellen auseinandergesetzt, insbesondere mit dem „Enneagramm" und vor Kurzem auch mit den zwölf Archetypen von C. G. Jung. Eigentlich mag ich sie nicht, diese Modelle. Lange war ich eher skeptisch, mich damit zu beschäftigen, da es mir zuwider war, Menschen wieder einzuordnen, in enge Schubladen zu stecken, festzulegen.

Mittlerweile sehe ich einige Modelle als Hilfe, mehr über die eigenen Werte und Motivationen herauszufinden. Um dann in Ruhe zu schauen, was ich davon in meinem Alltag mit hineinnehmen oder umsetzen möchte.

Die vier Grundbedürfnisse oder Sehnsüchte eines Menschen, die C. G. Jung definiert, finde ich sehr anschaulich und hilfreich: Diese sind:

• Wandel und Freiheit
• Stabilität und Kontrolle
• Unabhängigkeit und Individualität
• Bindung und Glück

Natürlich hat jeder Mensch alle vier Grundbedürfnisse in sich. Aber das, wonach er sich am meisten sehnt, kann sehr individuell sein. Und damit auch, wofür er sich einsetzen möchte. Was ihm besonders wichtig ist. Oder wo Unzufriedenheit hochkommt.

Was ist dein Thema?
Vielleicht kannst du es noch gar nicht in Worte fassen. Das ist okay. Fang einmal an zu überlegen:

Was ist dir wichtig im Leben? Was motiviert dich?

Unterstreiche mit deinem Lieblingstextmarker fünf Werte aus der folgenden Liste, die dir besonders wichtig sind. Notiere sie dann einzeln auf je einen Zettel.

Authentizität	Harmonie
Balance	Herausforderung
Barmherzigkeit	Hingabe
Dienst für andere	Humor
Durchhaltevermögen	Integrität
Ehrlichkeit	Kreativität
Einfühlungsvermögen	Leistung
Erfolg	Loyalität
Fairness	Mut
Familie	Persönliches Wachstum
Freiheit	Respekt anderen gegenüber
Freundlichkeit	Sicherheit
Freundschaft	Sinn
Gesundheit	Verantwortlichkeit
Glücklichsein	Wissen
Gottvertrauen	Zufriedenheit
Großzügigkeit	

Sortiere diese fünf Werte nach Priorität, also von 1-5, wobei 1 ganz oben auf der Prioritätenliste bedeutet. Versuche, dich dabei nicht zu bewerten. Jede Eigenschaft, jeder Wert, jede Sehnsucht ist wichtig und notwendig.

Andere Menschen brauchen dich, genau so, wie du bist. Mit deiner Energie, deiner Sehnsucht, deiner Motivation, an die sie sich gerne andocken möchten. Zeig dich. Andere warten schon auf dich.

Schreibe nun dein eigenes Manifest. Beginne mit:
Ich glaube daran, dass ...

Mein Manifest lautet:
- Ich glaube daran, dass Veränderungen möglich sind, wir aus Sackgassen herauskommen und unsere Räume erweitern dürfen.

- Ich glaube daran, dass zwar nicht alles „einfach gut " wird, aber dass wir unserem Schmerz fürsorglich begegnen und unser Leben dennoch kraftvoll gestalten können.

- Ich glaube daran, dass wir aus der Enge in die Weite gehen, denken und glauben dürfen.

- Ich glaube daran, dass wir unser Gottesbild überprüfen und Lebenslügen entlarven können.

- Ich glaube an Heilung.

- Ich glaube an Gott, der mich liebt.

Wie es bei mir weiterging? Ich setzte mich ein. Ich setzte mich ein für Räume, in denen unterschiedliche Meinungen möglich sind und diskutiert werden dürfen. Meistens erfolglos, wie ich dachte. Doch später kamen einige Menschen aus meinem Umfeld zu mir in die Beratung, weil sie wussten, dass ich über einiges anders denke und Räume öffnen möchte. Weil sie mir vertrauten. Ich war und bin Ermutigerin und Fürsprecherin. Und ich freue mich, wenn ich das Schöne, das manchmal durch Verwundungen verloren gegangen erscheint, wieder herauslocken, versorgen und zum Leuchten bringen kann.

Manchmal gibt es aber auch diese Tage, an denen ich müde bin, enttäuscht, resigniert, aufgeben möchte. Gerade dann, wenn mir zurückgemeldet wird, dass ich doch viel zu emotional sei und meine persönliche Betroffenheit mich davon abhalte, sachlich, neutral und „biblisch" zu sein. Wie damals, als ich folgende Nachricht erhielt: „Danke für Ihre nachdenklich machende, Zwischentöne zulassende und anregende Mail. Ich muss sie nicht kommentieren, sondern, so habe ich es verstanden, Sie wollten sich mal äußern, einmal eine Stimme hören lassen ..."

Ich fühlte mich in die Ecke gedrängt, dabei hatte ich nur darum gebeten, dass ein Raum entsteht, in dem unterschiedliche Meinungen diskutiert und stehen gelassen werden können. Dass nicht einfach wie bisher oft eine Person eingeladen wird, die zu einem umstrittenen Thema einen Vortrag hält, andere Meinungen zwar erwähnt, aber die Quintessenz immer wieder die Meinung ist, die vorgegeben worden war. Kein Raum für Fragen. Kein Raum, sich mit anderen Büchern und Statements auseinanderzusetzen: kennen wir schon alles. Und immer wieder das „Totschlagargument": Wer selbst in irgendeiner Form betroffen ist, kann nicht sachlich sein. Frustriert schrieb ich meine „Osterflügel":

Das wird mir alles zu viel

Ich fühle mich angegriffen

von ihren Vorstellungen
ihren abgehackten Bibelstellen
mit dem
was ich
zu denken
zu fühlen
zu glauben
habe
was ich
tun
sollte
darf

All das greift mich an

macht mich klein
verletzt mich
ich versuche mich
zu verteidigen
zu rechtfertigen
bleibe
müde
mit verklebten
Flügeln zurück
unfähig
mich
zu bewegen

Lasst sie in Ruhe

Lasst meine Tochter in Ruhe!
Jesus tritt zu mir
stellt sich vor mich
setzt sich zu mir
wiegt mich in seinem Arm

Behutsam fängt er an
meine pechverschmierten
lahmen, verklebten Flügel zu reinigen
einen nach dem anderen

Er nimmt sich dafür
Zeit
viel
stille Zeit

Ich kann wieder atmen
frische Luft
in meinen Federn
so wohltuend

Und plötzlich
höre ich sie wieder
seine Stimme

„Hey, Elke!
Ich liebe dich doch so sehr
und es gibt nur eine wichtige Frage:

Hast du mich auch lieb, meine geliebte Tochter?"
„Ja, ich liebe dich!
Du weißt alle Dinge
Du weißt, dass ich dich liebhabe!"

„Dann
steh auf
Elke!
Es gibt noch viel zu tun
so viele tragen Lasten mit sich herum
sind mühselig und beladen
hilf mir dabei
ihnen meine Liebe zu zeigen

Und er fliegt los
in die Höhe
wie ein Adler

Meine Flügel
bewegen sich
langsam
und noch sehr vorsichtig
fange ich an zu fliegen
immer höher
fliege ich
unter den Fittichen seiner Flügel
und folge ihm nach

Es tat mir gut, einmal meine Enttäuschung und meinen Frust aufzuschreiben. Und ich wurde beim Aufschreiben ermutigt.

- *Was tut dir gut?*
- *Was ist deins?*
- *Wie gehst du mit Frust um?*
- *Was und wer ermutigt dich?*
- *Wie möchtest du andere ermutigen?*

_____

_____

_____

_____

_____

_____

_____

_____

_____

Es tut immer gut, wieder einen festen Standpunkt zu finden, Klarheit zu bekommen über das, was man machen möchte und was nicht. Wo ein Einsatz sich lohnt und wo nicht (nicht alle wollen „gerettet" werden, oder wie eine Ausbilderin sagte: Keine Beratung ohne Auftrag). Was jetzt dran ist und was nicht. Eine Vision zu entwickeln.

Mein Herz und meine Leidenschaft schlagen weiter dafür: Raum zu geben – für mehr Weite, für mehr Möglichkeiten, für mehr Leichtigkeit, ein kraftvolles Leben. Raum für Gott. Raum zum Ankommen. Raum für mehr. Raum zum Atmen.

Einatmen. Sich Zeit nehmen, nur für sich selbst. Mit Fürsorge und Wertschätzung für das, was gerade ist. Auftanken, Ankommen, einen Überblick bekommen, Klarheit und einen festen Stand finden.

Ausatmen. Verborgene Schätze, Fähigkeiten und Ressourcen entdecken und wiederbeleben, Möglichkeitsräume erweitern, Muster erkennen, sich von Lebenslügen verabschieden.

Losfliegen. Neue Schritte wagen, im eigenen Tempo. Fehler machen dürfen, Träume gestalten und entfalten, herausgefordert und ermutigt werden, Lösungen finden, die zu einem passen.

Ausruhen. In guter Balance zwischen Schutz- und Freiräumen.

So entwickelte ich unterschiedliche Angebote, gebe Seminare, biete Beratung und Workshops an. Ehrenamtlich engagiere ich mich als Coach bei unterschiedlichen Workshops, die beim ERF kostenfrei angeboten werden[3]. Lebenslügen entlarven, Gottesbilder überprüfen, Berufung.

Bei all diesen Tätigkeiten sind viele wunderbare Kontakte, auch Freundschaften entstanden. Das ehrt mich. Das freut mich. Darauf bin ich stolz.

Es ist nie zu spät, etwas Neues auszuprobieren. Seine Flügel zu entdecken, einzusetzen und loszufliegen. Anzufangen.
Breite deine Flügel aus.

Vielleicht denkst du jetzt: Alles schön und gut. Aber was habe ich schon zu sagen? Wer will mir zuhören? Ist es überhaupt wichtig, was ich mache oder denke? Erfolgreich bin ich auch nicht.

Tatsächlich ging es mir letztens auch mal wieder so. Da las ich Berichte in einer Frauenzeitschrift von erfolgreichen Frauen, die nach einer Krise, so wie ich auch, etwas Neues gestartet haben. Und natürlich war es etwas sehr Großes. Sie jetteten um die Welt, gründeten Vereine, haben eine gut laufende Selbstständigkeit ins Leben gerufen, geben ausgebuchte Kurse für traumatisierte Flüchtlinge und so weiter. Wow.

Und ich? Ich kleines Licht, was mache ich schon Großartiges? Arbeite sechs Stunden in meinem alten Job. Mache zwar viel ehrenamtlich, verdiene aber zu wenig Geld. Typisch Frau. Begleite zwar Menschen, aber könnten es nicht viel mehr sein? Müsste ich nicht mehr machen? Könnte ich nicht viel mehr bewirken, wenn ...?

Stopp!

Hier ist ein guter Zeitpunkt, um einmal zu hinterfragen:
- *Wie definierst du Erfolg?*
- *Welchen Maßstab setzt du an?*
- *Wer bestimmt, ob du erfolgreich bist oder nicht?*
- *„Erfolg ist, was folgt, wenn ich mir selbst folge.“*

Diese Aussage hörte ich einmal in einem Podcast und sie hat mich nachdenklich gemacht. Was könnte das für meinen, für deinen Alltag konkret bedeuten?

_____

_____

_____

_____

_____

_____

_____

_____

_____

_____

_____

Vielleicht helfen dir folgende Schritte:

1. Stehe zu dir und deiner Botschaft.

Erinnere dich immer wieder daran, warum du gerade das machst, was du machst.

2. Du machst einen Unterschied.

Ganz egal ob du gerade tausend oder „nur" zwei Menschen bewegst, dich für sie einsetzt. Selbst in der Bibel waren die von Gott berufenen Menschen nicht ständig und allezeit aktiv (zum Beispiel Mose: Er hütete 40 Jahre lang Schafe. Was hätte er da nicht alles machen können! Gott weiß, was er tut. Und er kommt immer zum Ziel).

3. Fehler gehören dazu.

Sei barmherzig mit dir selbst. Nur wer nichts tut, macht keine Fehler. Und du hast das Recht, etwas auszuprobieren, zu lernen, zu verwerfen, neu zu gestalten.

4. Mehr Vergütung.

Es ist nicht notwendig, rund um die Uhr nur für seine Vision zu leben. Verbringe auch Zeit mit Freundschaften, die dir guttun. Du hast ein Recht auf faire Bezahlung. Schlafe ausreichend. Finde eine gute Balance zwischen Aktivität und Ruhe.

Wenn du einen Schritt davon geschafft hast: Glückwunsch! Sei stolz auf dich. Feiere. Mach was Schönes. Jetzt. Für dich. Und dann bleib weiter rebellisch!

- *Was geht dir jetzt gerade durch den Kopf?*
- *Was ist dein Thema?*
- *Wofür brauchst du noch Unterstützung?*
- *Wo tankst du auf?*
- *Was tut dir gut?*
- *Wer kann dich ermutigen?*

Tja, ich habe immer noch keine tausend Kund:innen oder ständig volle Seminare und manchmal ertappe ich mich wieder bei den Gedanken, mich klein zu machen, mich mehr anzustrengen, mich weniger wertzuschätzen, aufzugeben, ständig etwas zu verändern und zu meinen, etwas Neues entwickeln zu müssen.

Und dann erreichen mich in diesen verwundbaren Augenblicken wunderbare Briefe von Menschen, die ich begleite.
„Ich bin jemand, der aufgrund seiner erworbenen Kompetenzen glaubt, er weiß, wie es geht, das Leben. Für mich und oft genug auch für andere. Und dann kommst du und öffnest Räume – schau, es könnte auch anderes geben.“

„Du bist genau richtig und ein Lichtpunkt mit deinem ehrlichen Teilen.“

„Ich bin wirklich sehr froh, mit dir in Kontakt gekommen zu sein.“

Wow. Ich mache einen Unterschied. Du machst einen Unter-

schied, mit dem, was dir auf der Seele brennt. Vielleicht nicht immer für Tausende, aber für einige ganz bestimmt. Was für ein Geschenk.

Fang mal an zu sammeln:
Sammle alles, was du Schönes hörst, siehst, zurückgemeldet bekommst in einer Schatzkiste. Schaue ab und zu rein und genieße sie. Es wird mehr sein, als du denkst.

Ich schließe mit einem provokativen Zitat:
Unsere tiefste Angst ist es, übermäßig kraftvoll zu sein. Wir fragen uns: Wer bin ich, dass ich mich brillant, großartig, talentiert, fantastisch nenne? Aber wer bist du, dich nicht so zu nennen? Du bist ein Kind Gottes. Dich selbst klein zu halten, dient nicht dieser Welt. Es ist nichts Gutes daran, dich selbst klein zu machen, damit andere sich nicht unsicher fühlen. Wir alle sollen leuchten, wie es Kinder tun. Wir sind geboren worden, um den Glanz Gottes, der in uns ist, wiederzugeben. Wenn wir unser eigenes Licht scheinen lassen, erlauben wir unbewusst anderen Menschen, dasselbe zu tun. Wenn wir von unserer eigenen Angst befreit sind, befreit unsere Gegenwart automatisch andere.[4]

- *Was beginnst du heute?*
- *Wo möchtest du leuchten?*

- *Was möchtest du (neu) ins Leben rufen?*

_____

_____

_____

_____

_____

Irgendwo da draußen hält Gott etwas für dich bereit, damit du zupacken und er dich gebrauchen kann. Um Raum einzunehmen. Mauern zu stürmen. Beginne es. Beginne es jetzt.
Flieg hoch. Gott ist mit dir!

Mein Herz

Schlägt Purzelbäume
Es geht los
Deine Hand hält mich
Ich fliege hoch
Mein Herz
Hüpft
Voller
Vorfreude
Ich bin da
Du bist da

KAPITEL 3:
RAUM FÜR EIN NEUES GOTTESBILD
Leben mit dem Liebevollen

Er nimmt meine Hand. Sie ist warm und liebevoll. Wir gehen los. Eine lange Zeit wandern wir schweigend nebeneinander.

Schließlich kommen wir an einen See in einem Wald. Der See ist zugefroren. „Wow, sieht der schön aus", denke ich. „Schlittschuhlaufen wäre jetzt klasse! Mit eigenen Schlittschuhen, weiß, mit lustigen Rentieren und Sternen darauf", träume ich weiter.

Er lächelt mich an und zieht sie aus seiner Tasche: Schlittschuhe, echte Schlittschuhe in meiner Größe. Weiß, mit Rentieren und Sternen. Er hat sie tatsächlich dabei und schenkt sie mir, einfach so. Ich ziehe sie an und wir üben gemeinsam auf dem Eis zu laufen. Er hält mich dabei fest, sicher und geborgen an seiner Hand. Es dämmert, die Sterne funkeln mich an. Er übt noch ein wenig weiter mit mir, dann lässt er mich los.
Ich fahre, ganz allein, immer schneller und schneller, superschön ist das. Dann drehe ich mich im Kreis, tanze nach einer inneren Musik. Meine Zöpfe, die unter meiner Wollmütze hervorschauen, fliegen. Ich fühle mich leicht und beschwingt. Kalte Atemwölkchen winken mir frech vor meiner Nase zu. Meine Wangen röten sich. Ich fühle mich unglaublich wohl.
Er steht am Rand und klatscht Applaus. Ich fahre zu ihm zurück. Er fängt mich auf, wirbelt mich umher. Ich fühle mich sicher und geborgen. Wir schauen uns an und fangen an zu lachen: Gott und ich. Und dann gehen wir zusammen nach Hause.

Das Holz knackt gemütlich, das Lagerfeuer flackert fröhlich und strahlt Wärme, Licht und Geborgenheit aus. Ab und zu legt einer von uns ein neues Holzscheit nach. In den Händen halten wir heißen Kaffee in Blechtassen. Er wärmt uns. Der Sand unter uns auch. Wir fühlen uns wohl und miteinander verbunden. Unterhalten uns darüber, was wir zusammen erlebt haben. Schmieden neue Pläne. Immer mal wieder schweigen wir. Die Sterne gehen auf, funkeln über uns. Wir essen gemeinsam. Jesus ist dabei. Er schaut mich an. Und ich freue mich.

Zwei Geschichten, zwei Bilder von Gott, die mein Herz zutiefst berühren und manchmal auch zum Weinen bringen. Zwei ganz unterschiedliche Bilder von Gott und doch ein Gott. Ein Gott, der mich ermutigt, meine Möglichkeiten zu entdecken und zu entfalten, meine Stimme zu erheben, etwas zu verändern, mit ihm zusammen unterwegs zu sein. Ein Gott, der auf mich aufpasst, mich beschützt und versorgt. Ein Gott, nach dem ich mich so lange gesehnt habe, ohne es formulieren zu können.

Vielleicht empfindest du jetzt auch Trauer und denkst: Schön wäre es, wenn Gott so wäre, wenn ich so ein positives Bild von einem liebenden Gott hätte. Aber für mich ist Gott so ganz anders, der Ferne, der Unverständliche, der Strafende, der Hilflose, der Prüfende, der Fordernde, der Nichtanwesende, der Schweigende, der Nicht-Da.

Vielleicht verstehst du ihn einfach nicht. Vielleicht aber ist er dir auch schon ganz nahe und für dich ein Vater, eine Mutter, dein Hirte, deine Beschützerin, dein Gott.

- *Wie sieht dein Bild von Gott aus?*
- *Schreibe es ruhig einmal auf.*

Ich bin überzeugt, dass unsere Bilder von Gott immer auch etwas mit unserer Geschichte zu tun haben. Unsere Beziehung zu Gott, unsere Sicht auf Gott, sind davon geprägt. Und es ist hilfreich und heilsam, sich ab und zu einmal näher damit auseinanderzusetzen.

Lange Jahre, nein, lange Jahrzehnte sah mein Gottesbild so ganz anders aus, als ich es in den beiden Geschichten beschrieben habe. Der Gott meiner Kindheit war ein autoritärer und strafender Gott.

Sehr prägend war für mich das damalige bekannte und oft gesungene Kinderlied:

Pass auf, kleines Auge, was du siehst!
Pass auf, kleines Ohr, was du hörst!
Pass auf, kleiner Mund, was du sprichst!
Pass auf, kleine Hand, was du tust!
Pass auf, kleiner Fuß, wohin du gehst!
Pass auf, kleines Herz, was du glaubst!
Pass auf, kleines Ich, werd' nicht groß!
Denn der Vater im Himmel schaut herab auf dich,
drum pass auf!
Pass auf!
Pass auf!
Pass auf!

Das herrschte, mehr oder weniger bewusst, als Motto in meinem Leben vor. „Pass auf, dass du alles richtig machst, sonst passiert etwas Schlimmes oder du landest in der Hölle." Und in die Hölle wollte ich ja nicht, also bekehrte ich mich. Und passte auf, ja nichts falsch zu machen. Mich an alle Ge- und Verbote zu halten, die ich wahrnahm. Denn ansonsten herrschte Gefahr.

Vorsicht, Gefahr!!!

„Vorsicht Gefahr – Zweifel verboten." Zweifel am Glauben, an Gott und an der Bibel waren suspekt und eigentlich nicht erlaubt. Sie könnten mich von Jesus abbringen, darum verdrängte ich sie lieber.

„Vorsicht Gefahr – Bibelkritik." Jede andere Auslegung als die unsere war zumindest mit Skepsis zu betrachten. So fuhren wir auch nicht zu Kirchentagen, denn wir hatten nicht gelernt, uns angstfrei mit anderen Meinungen auseinanderzusetzen.

Vorsicht vor weltlichen Büchern, Musik oder auch Therapie, sie könnten mich vom Glauben abbringen. Ebenso die Beschäftigung mit anderen Religionen: Auch hier drohten Beeinflussung und Ansteckungsgefahr und damit der Abfall vom Glauben.

Vorsicht vor Rebellion, Vorsicht vor einem zu aufmüpfigen Frauenbild. Vorsicht vor der Sehnsucht, mehr zu wollen. Das sei alles viel zu egoistisch.

Die Listen in meinem Kopf wurden zunehmend länger. Und dann gab es ja noch diese Zeile: „Pass auf, kleines Ich, werd' nicht groß!" Was war das für ein Gott, der mich so klein machen wollte? Das war nicht der Gott, der mir ein „Leben in Fülle" verheißen hatte, wie ich es in meiner Kindheit erhofft hatte. Nein, dieser Gott war der Antreiber in meinem Leben: „Du musst! Du sollst! Mach es mir recht! Gib dich selbst auf!" So habe ich das damals empfunden.

Pass auf!

Dabei sehnte ich mich nach jemandem, der auf mich aufpasst. Und einen Schutzraum bietet, in dem ich mich ausprobieren, Entdeckungen machen, neugierig sein darf. Abenteuer erlebe. Versorgt werde. Aber anscheinend war ich nur auf der sicheren Seite, wenn ich mich an all diese Regeln hielt – auch wenn ich einige als unsinnig empfand. Ich fühlte mich immer mehr eingeengt. „Hilf dir selbst, dann hilft dir Gott", wurde ein wichtiges Motto in meinem Leben. Immer verbunden mit dem Gedanken: Selbst schuld!

- *Selbst schuld, wenn etwas schiefgeht, dann habe ich irgendetwas falsch gemacht.*
- *Selbst schuld, dass die Freundin nicht zum Glauben kommt, ich habe einfach zu wenig gebetet!*
- *Selbst schuld, wenn ich keinen Freund finde, ich bin einfach zu wenig weiblich, zu anspruchsvoll, kompliziert, nicht liebenswert!*
- *Selbst schuld, wenn ich so viele Ängste habe. Ich vertraue einfach zu wenig!*
- *„Selbst schuld", sagte ich aber auch meiner Freundin, als ihre Ehe zu Bruch ging. „Hättest du mal mehr auf Gott gehört."*
- *Selbst schuld! Selbst schuld! Selbst schuld!*

Ich hatte dieses Regelgefängnis in meinem Kopf so satt! Und ich hatte Angst. Auch Angst vor Gott, Zorn und sehr viel Wut. Das Bild vom Thron spukte durch meinen Kopf. Der Thron, auf dem das Ich sitzt, dann kommt Gott, streicht das Ich durch und setzt sich auf den Thron.

Und mein Ich, wo war das hingekommen? Für mich schien es verschwunden, zerstört. Und das war niederschmetternd und beängstigend. Ich fühlte mich wie in einer Falle. Und dabei sehnte ich mich so nach Geborgenheit, Liebe, Nähe. Nähe zu Gott, die mir Raum lässt. Geliebt zu werden, wie ich bin.

Reden konnte ich darüber nicht, vieles war mir auch gar nicht bewusst. Meine beste Freundin, die auch Christin war, war weit weggezogen. Sie hatte ihren Glauben viel unbeschwerter, vertrauensvoller und leichter gelebt. Sie fehlte mir so. Ich zog mich immer mehr in meine Bücherwelten zurück, wo Frauen stark und selbstständig waren. Nach außen war ich sehr schüchtern und galt oft als verschlossen und unnahbar. Das tat weh, doch ich konnte mich nicht dagegen wehren.

Dieses Bild von Gott, aber auch andere Bilder von mir selbst stürzten mich in tiefe Krisen, immer wieder (mehr dazu im Kapitel „Raum für Krisen"). Ich hatte Zwänge und Panikattacken, ohne dass ich dafür damals einen Namen hatte oder es später zugeben wollte. Oft habe ich darunter gelitten und dagegen angekämpft. Irgendwann wurde mir alles zu viel. Und in vielen schlaflosen Nächten begann ich, wie in den Psalmen vorgelebt, Gott anzuschreien, ihn anzuklagen. Das tat so gut. Und wenn du magst, leg auch du los.

Du darfst: Formuliere deine Klage, deine Enttäuschung, deine Wut gegenüber Gott.

_____

_____

_____

_____

_____

Und Gott? Gott hörte mir zu. Immer und immer wieder. Gott hielt das aus. Wir beide hielten uns aus. Und es tat gut, alles einmal unzensiert rauszulassen. Auch wenn es keine fertigen, direkten Antworten gab.

Später begegnete ich Menschen, die mir zeigten, dass Gott sich darüber freut, wenn ich das entdecke, entfalte und gestalte, was er mir ins Herz gelegt hat. Ich lernte, mich mit unterschiedlichen kontroversen Themen auseinanderzusetzen. Eine eigene Meinung zu finden und einen Standpunkt zu vertreten, ohne den anderen niederzumachen. Das war sehr befreiend.

Therapien halfen mir, mich mit schmerzhaften Themen, Verwundungen und Ängsten in meinem Leben auseinanderzusetzen. Erst ganz behutsam. Bis ich mich dann meinen Ängsten stellen konnte. Mit Gott an meiner Seite, der mir Sicherheit und Halt gab und gibt. Viele lange Jahre kam Gott mir in meinem Tempo, behutsam, beharrlich, fürsorglich, ausdauernd entgegen. Ohne dass ich mich fürchten musste. Meine Angst schwand.

Er gab mir Raum.
Raum für meine Sehnsucht.
Raum für Rebellion.
Raum für mein gestörtes Gottesbild, die Erlaubnis,
es zu überprüfen und mich von alten, krankmachenden
Gottesbildern zu verabschieden.
Raum für Krisen,
in denen er mich immer wieder festhielt und -hält.
Raum für neue Erfahrungen mit spiritueller Körperarbeit.
Raum für die Auseinandersetzung
mit meinen Antreibern und Glaubenssätzen.
Schutz- und Freiräume.
Raum für mich.
Raum mit Gott.
Weiten Raum.
Räume zum Gestalten.
Raum für Heilung.

Das war und ist weiterhin heilend und wohltuend. Auch wenn die Auseinandersetzung mit dem eigenen Gottesbild manchmal ein schmerzhafter Prozess ist. Aber es lohnt sich.

Eine starke Sehnsucht in meiner Gottesbeziehung war die Sehnsucht nach einem Vater, der mich liebt und fördert, wie ich bin. Ich vermisste das so sehr, ohne es damals zu wissen. Mein eigener Vater hatte seine Geschichte und konnte mir das nicht geben. Aber ich vermisse es bis heute. Ich hätte es mir sehr gewünscht.

Was ist deine Sehnsucht in Bezug auf Gott?

_____

_____

_____

_____

_____

_____

_____

_____

_____

_____

_____

Ich möchte dich ermutigen, dir dafür wieder Raum zu nehmen. Gott wieder näherzukommen. Deinen Weg zu gehen, ohne dich zu überfordern. In deinem Tempo. Mit so viel Nähe und Distanz, wie du es brauchst und dir nehmen darfst. Und dir zu überlegen, was alles in diesen Raum sein darf und was draußen bleiben soll.

Fang wieder an, dich zu sehnen: Gestalte diesen, deinen Raum!

Gott liebt dich.

Er sieht deinen Schmerz. Deine Geschichte. Deine Verwundung. Deine Trauer. Deine Heimatlosigkeit. Deine Wut. Dein Unverständnis. Deine Ohnmacht. Deine Ratlosigkeit. Und ich glaube, Gott hat sehr vielfältige Methoden, seine Liebe zu zeigen. Vielleicht ist es jetzt an der Zeit, dass du mit Gott einmal etwas Neues ausprobierst.

Für mich war es zum Beispiel ein Zeichen von Gottes Liebe, dass er mir zutraute, meine Ausbildung zur Systemischen Beraterin mit 50 zu machen. Und dass ich heute mit meinen Angeboten viele Menschen ermutigen kann und ihnen Raum gebe, Schönes, was verloren gegangen ist, wieder zu entdecken, Verwundungen anzusehen und behutsam versorgen zu lassen.

Ein anderes Zeichen der Liebe Gottes war und ist für mich die Entdeckung von Meditation, Stille und Entspannungsübungen, wie ich sie im Kapitel über Spirituelle Körperarbeit beschreibe. Das war vorher so gar nicht „meins". Im Gegenteil. Aber diese Übungen sind für mich ein Raum geworden, wo ich Gottes Liebe spüre und zulassen kann.

Was ist deins?

- *Wie merkst du, dass Gott dich liebt?*
- *Was würde sich dann verändern?*
- *Was möchtest du einmal ausprobieren?*

Letztens hörte ich eine tolle Predigt zu Jesaja 9,5-6, in der es um einige Namen Gottes ging. In der Luther-Übersetzung heißt es dort: „Denn uns ist ein Kind geboren, ein Sohn ist uns gegeben, und die Herrschaft ist auf seiner Schulter; und er heißt Wunder-Rat, Gott-Held, Ewig-Vater, Friede-Fürst; auf dass seine Herrschaft groß werde und des Friedens kein Ende sei." Wunder-Rat, Gott-Held, Ewig-Vater, Friede-Fürst ...

Ehrlich gesagt, früher empfand ich diese Bezeichnungen als ziemlich kitschig und konnte wenig damit anfangen. Bis ich eine Auslegung dazu hörte, in der diese vier Namen Gottes einen besonderen Bezug auf unseren Alltag und unsere Verwundungen nehmen.

Die Verwundung: Ratlosigkeit. – Sein Name: Wunder-Rat.
Manchmal gibt es diese Zeiten, da fühle ich mich ratlos. Da habe ich keine Ahnung, was ich machen soll beziehungsweise was

jetzt dran ist. Ich würde lügen, wenn ich jetzt erzählen würde, hey, alles gar kein Problem; Gott ist da: eine Frage – ein Rat – ein Wunder! Meistens ist das nicht so. Und meistens fällt auch kein Zettel vom Himmel, auf dem alles klipp und klar steht, was ich machen soll.

Oftmals mutet mir Gott zu, selbst eine Entscheidung zu treffen. Aber manchmal, ja, manchmal erlebe ich auch ein Wunder. Ich überlegte, ob ich meine Ausbildung um ein Jahr verlängern sollte, damit ich das Zertifikat der Systemischen Gesellschaft erhalten würde. Dazu notwendig waren u. a. auch der Nachweis von Falldokumentationen und Einzelberatungen, die ich bisher noch nicht durchgeführt hatte. Meine Leidenschaft sind Seminare. Tja, dachte ich, wenn Gott mir eine Beratung in den nächsten Wochen schenkt, dann melde ich mich an. Zwei Tage später rief eine Kundin an und ich führte mein erstes Beratungsgespräch. Echt unglaublich.
Also, es gibt sie, die kleinen und großen Wunder im Leben. Auch wenn ich mir manchmal mehr davon wünschen würde. Und manchmal, fürchte ich, sehe oder bemerke ich sie gar nicht, aber das kann ich ändern. Die Augen öffnen, näher hinschauen, mich überraschen lassen. Fakt ist, dass Gott da ist, mit seinem Rat. Auch wenn wir ihn nicht immer verstehen oder hören. Er ist da. Mein Wunder-Rat.

Die Verwundung: Ohnmacht. – Sein Name: Gott-Held.

Wie oft habe ich mich schon ohnmächtig gefühlt. Besonders gegenüber Menschen, die Macht haben oder ihre Macht missbrauchen. Dann erhebe ich meine Stimme. Und trotzdem fühle ich mich machtlos. Scheinbar so gar nichts verändert sich. Oder ich fühle mich mit meinen Gefühlen komplett überfordert. Meine Vergangenheit holt mich ein. Alles wird mir viel zu viel.

Da brauche ich ihn, meinen Helden. Und tatsächlich, manchmal ist er da. Und ich erlebe ihn, z. B. in einer tollen Entspannungsübung, wo ich das intensive Gefühl habe, dass Gott mich behutsam aufhebt, auf Händen trägt, über meine Verwundungen weint und sie gleichzeitig versorgt und heilt. Das klingt pathetisch, oder? Vielleicht ist es das. Aber für mich ist es ein Wunder, einfach unglaublich, dass ich diese Nähe zulassen kann und Gott immer mehr vertraue.

Wie sieht dein Held aus?

_____

_____

_____

_____

_____

_____

_____

Die Verwundung: Heimatlosigkeit. – Sein Name: Ewig-Vater.

Ich hasse Abschiede, egal ob große oder kleine. Denn dabei überfällt mich in „schöner Regelmäßigkeit" tiefe Traurigkeit, mit der ich ganz schlecht umgehen kann, meine ich zumindest. Diesen Abschiedsschmerz habe ich auch nach Seminaren, Urlauben, Begegnungen. Vielleicht ist das auch ganz normal. Keine Ahnung. Und dann gibt es natürlich auch die großen Abschiede. Da, wo Menschen sterben, die ich liebe. Oder Menschen mich verlassen und ich nichts daran ändern kann. Oder ich Menschen verlasse. Dann fühle ich mich allein gelassen und manchmal, ja, irgendwie auch heimatlos. In Gott dann ein Zuhause zu haben, einen Vater, der da ist, ist etwas schr Tröstliches, finde ich.

Was tröstet dich?

_____

_____

_____

_____

_____

_____

_____

Die Verwundung: Ungerechtigkeit. – Sein Name: Friede-Fürst.

Ich könnte die Wände hochgehen, wenn ich Ungerechtigkeit erlebe. Oder zumindest, was ich als solche empfinde. Manchmal setze ich mich ein und kann etwas verändern. Und manchmal scheint der Unfrieden in der Welt, aber auch in mir, so groß zu sein, dass er mich überrollt.

Oder ich entdecke bei mir selbst Neid und Missgunst und empfinde es dann als ungerecht, dass andere Menschen es scheinbar leichter haben, sie gesünder sind, fröhlicher, optimistischer als ich. Blöd ist das. Was wäre, wenn ich Frieden mit mir schließen würde? Wir alle tragen Verletzungen und Wunden in unserem Leben davon, sie schmerzen weiterhin und ab und an tun sie auch weh, aber sie dürfen versorgt werden.

Ich finde es schön, dass Jesus nach seiner Auferstehung ausgerechnet an seiner Stimme und seinen Wundmalen erkannt worden ist. Denn es zeigt mir, dass Jesus auch uns in unseren Ängsten, Schmerzen und Verwundungen versteht. Das tut einfach gut. Auch, wenn ich nicht alles verstehe.

- *Welcher Name spricht dich gerade an?*
- *Was sind die großen und kleinen Wunder in deinem Leben?*
- *Wo brauchst du einen Rat?*
- *Und wer könnte dich dabei unterstützen?*

_____

_____

_____

_____

_____

_____

_____

_____

Vielleicht denkst du jetzt: Sorry, das ist mir echt zu viel. Zu heftig. Das kann ich gut verstehen. Mir geht es oft ähnlich. Dann mag ich keine Fragen beantworten, auch wenn sie noch so hilfreich sein können. Dann mag ich nicht weiter forschen und alles mühsam aufarbeiten.

Dann bin ich einfach müde. Ich habe keine Lust zu irgendetwas und verkrieche mich in meiner Höhle. Verstecke mich und möchte keinen an mich ranlassen.

Wie toll, dass es Gott dann immer wieder gelingt, mich behutsam und liebevoll, so, wie ich es brauche, aus meiner Höhle zu locken, und mir zuflüstert: „Du musst gar nichts. Ich liebe dich, genauso, wie du bist. Ich möchte den Tag mit dir genießen, einfach so. Du bist meine geliebte Tochter. Komm, lass uns abhauen." Und dann hauen wir ab und liegen gemeinsam auf der Wiese. Unterhalten uns und sind uns einfach genug.

Zum Abschluss dieses Kapitels eine Geschichte, die mich immer wieder berührt, tröstet und ermutigt:

„Ich kam aus dem Wald. Ein Bauer hatte mich gefunden und mitgenommen. Er gab mir Futter, versorgte mich. Ich wuchs und wurde immer größer. Ein bisschen anders als die anderen sah ich schon aus, aber ich versuchte, das zu verbergen, und machte mich kleiner, als ich in Wirklichkeit war. Heute kam ein anderer Mann auf unseren Bauernhof. Er beobachtete mich liebevoll. Ich mochte ihn sofort, bis er sagte: ‚Du bist kein Huhn, sondern ein Adler. Flieg los!‘ ‚Unmöglich‘, sagte der Bauer, ‚ich habe sie zu einem Huhn erzogen. Sie wird niemals fliegen.‘ ‚Komm‘, sprach der Mann, ja, er sprach mich direkt an. ‚Du bist geboren, um zu fliegen.‘ Dann nahm er mich auf seinen Arm. Ich zitterte und schaute nach unten. ‚Niemals‘, dachte ich, ‚das ist hier viel zu hoch. Ich habe Angst.‘ Und sprang wieder herunter. ‚Siehst du‘, sagte der Bauer, ‚sie ist ein Huhn.‘ ‚Nein‘, sagte der Mann, behutsam nahm er mich wieder auf seinen Arm. Streichelte mich, zeigte mir meine Flügel und wie ich sie bewegen kann. Ich staunte. Und dann bewegte ich sie zaghaft, meine Flügel. Breitete sie aus, er warf mich in die Höhe und ich flog hoch in die Lüfte. Mein Herz erfüllte sich mit tiefem Staunen, der Mann winkte mir zu. Und freute sich sehr. Dem Bauer blieb der Mund offenstehen. Die Hühner gackerten mir freundlich hinterher.“

Diese Geschichte, im Original geschrieben von James Aggrey, einem ghanaischen Lehrer und Missionar, endet mit den Sätzen: „Völker Afrikas! Wir sind nach dem Ebenbild Gottes geschaffen, aber Menschen haben uns beigebracht, wie Hühner zu denken, und noch denken wir, wir seien wirklich Hühner. Aber wir sind Adler. Darum breitet eure Schwingen aus und fliegt! Und seid niemals zufrieden mit den hingeworfenen Körnern.“

Ich liebe diese Geschichte und lese sie immer wieder gerne. Selbst das Bilderbuch dazu habe ich mir gekauft.[5] Oft benutze ich diese Erzählung auch als Einstieg in Seminare, um die Teilnehmenden zu ermutigen, das Schöne und Kraftvolle in sich selbst wieder zu entdecken. Bis ein Teilnehmer mir sagte: „Das ist ja eine schöne Geschichte, aber momentan wäre es mir viel zu anstrengend, immer ein Adler zu sein. Ich wäre lieber ein Huhn." Das fand ich mutig. Und ich wurde nachdenklich, forschte ein wenig weiter und fand eine wunderbare Geschichte, die diese Erzählung ergänzt.

Ein Adlerjunges, so wird darin erzählt, übte kräftig mit seinem Vater das Fliegen. Es gelang ihm schon gut. Aber er machte sich große Sorgen, ob er auch die 50 Kilometer schaffen würde, die demnächst anstanden. Da nahm ihn sein Großvater zur Seite und sagte ihm: „Du musst dich nicht so anstrengen. Deine Flügel brauchst du nur, um dich aufzuschwingen, Kurs zu halten und wieder herunterzukommen. Ansonsten kannst du dich vom Auf- und Abwind tragen lassen." Daraufhin schwang sich der alte und fürsorgliche Adler in die Höhe und zeigte dem müden und ängstlichen Adlerjungen immer wieder, wie viel leichter es doch ist, sich vom Wind tragen zu lassen. So lange, bis der junge Adler es verstand, und dann flog auch er in die Höhe. Der Wind trug ihn behutsam und zuverlässig. Probiere es gerne auch aus. Guten Flug!

Seine Teuerste

War ich schon immer.
Nur habe ich es nicht gemerkt.
Verstrickt in den Erwartungen
anderer
mit Bildern
von einem ungnädigen Gott
verhedderte ich mich
in Wut und Zorn
In Ohnmacht und Hilflosigkeit.
Seine Teuerste
Verändert alles.

Der Raum wird weiter
Das Leben bunt
Alles darf sein
Ich bin
Seine Teuerste
Sein Kleinod
Nicht nur ich
Sondern auch du
Einzigartig
Besonders
Unglaublich
Begabt
Beauftragt
Kostbar

Leben mit dem Liebevollen:

Es klingelt an der Tür, Gott steht davor. Er bringt dir ein Paket, das du dir schon lange gewünscht hast. Was ist drin? Du bittest ihn herein. Ihr setzt euch zusammen an einen Küchentisch. Und du beginnst, deine Geschichte zu erzählen.

KAPITEL 4: RAUM FÜR KRISEN
Du bist ein Gott, der mich sieht!

Wenn du sie kennst, dann brauche ich dir nicht zu erklären, wie beschissen sie sich anfühlen:
Panikattacken, Zwänge, depressive Verstimmungen, Schlafstörungen und den ganzen Tag die Gedanken: „Hoffentlich ist es bald Abend und ich kann mich wieder ins Bett legen. Hoffentlich kann ich dann einschlafen."

Wer mit Krisen und Ängsten zu tun hat, der kennt sicherlich auch den Dauerdruck, die Erschöpfung, die Enttäuschung. Die Wut, die Resignation. Die Ohnmacht. Die Angst vor der Angst. Den Gedanken, dass alles sinnlos ist und diese Phase nie mehr aufhören wird. Solche Krisen nehmen uns den Atem. Machen uns klein. Lassen uns verkrümmen oder verkümmern. Legen einen Schatten über unser ganzes Leben. Hinterlassen das Gefühl, es nicht zu schaffen. Oder endlos traurig zu sein, ohne einen Ausweg zu sehen.

Bei mir zeigten sich Krisen oftmals in Zwängen, vor allem Gedankenzwängen, die Panikattacken auslösten. Wochenlang immer wieder Panikattacken, mehrmals am Tag. Das Erstarren. Die namenlose Angst. Das Einfrieren in den eigenen Gefühlen. Kein Appetit. Der Gedanke, nicht mehr durchhalten zu können. Die Erschöpfung und dauernde Müdigkeit. Das erleichterte Aufatmen, wenn die Panikattacke oder die Krise vorbei war, und dann die Resignation, wenn scheinbar alles wieder von vorne anfing. Der Eindruck, in einem Hamsterrad gefangen zu sein, immer auf der Suche nach Rettung, Erlösung, Erleichterung.

Zuerst versuchte ich, diese Krisen zu verdrängen. Ich machte einfach weiter wie immer und wartete ab, dass diese Phase wieder vorbeiging. Später strengte ich mich an und versuchte, etwas dagegen zu tun: machte eine Therapie, nahm Medikamente, lernte Entspannungsübungen. Tatsächlich tat mir das alles gut. Und wenn es mir wieder besser ging, beendete ich die Therapie, setzte die Medikamente ab und lebte meinen Alltag weiter. Erleichtert, dass es vorüber war. Immer mit der Angst im Nacken vor weiteren Krisen. Die dann auch wieder kamen.

Mein Motto: Augen zu und durch.
Und so habe ich einfach immer wieder weitergemacht. Weitergearbeitet. War kaum krankgeschrieben. Denn die Arbeit gab mir Struktur und lenkte mich ab. Lenkte mich auch ab vor zu viel Stille, vor dem Alleinsein, vor zu viel Nähe. All das war mir damals gar nicht bewusst.

Doch 2019 brach dann mein Worst-Case-Szenario über mich herein. Es geschah das, wovor ich mich immer am meisten gefürchtet hatte. Nein, es „geschah" nicht einfach so. Ich entschied selbst. Das gab mir Mut. Ich war am Ende meiner Kräfte und schleppte mich zur Notaufnahme der Psychiatrie, da, wo die Gescheiterten landeten, dachte ich damals. Ermutigt von meiner Therapeutin und einer Psychiaterin meldete ich mich bei einer Tagesklinik an. Ich wusste bis dato gar nicht, dass es sowas überhaupt gibt. Einen Ort mit einer festen Struktur, vielen Sportangeboten, Gesprächen, Gemeinschaft. Dort verbrachte ich sieben Wochen.

Sieben herausfordernde Wochen, sieben intensive Wochen und sieben Wochen, in denen ich mich gut aufgehoben und umsorgt fühlte. Endlich war da jemand, der sich um mich kümmerte. Auf mich aufpasste. Mich versorgte. Ein Oberarzt forderte mich besonders heraus. Ich schätzte ihn sehr und ich lernte behutsam, mich meinen Ängsten zu stellen. Vieles kam dabei hoch, was mich schmerzte. Aber ich hatte und habe einen Halt.

Mittlerweile geht es mir besser, ja, sogar gut, vieles hat sich tatsächlich verändert. Einiges habe ich dazugelernt. Insbesondere übe ich mich weiter darin, mich nicht selbst zu verurteilen und auch meine unangenehmen Gefühle zuzulassen und nicht mehr so dagegen zu kämpfen. Ich „unterhalte" mich mehr mit ihnen und dann ziehen sie auch wieder weiter.

Das Vertrauen wächst. Ich weiß: Gott passt auf mich auf. Und er fördert mich. Er freut sich und begleitet mich auf meiner Abenteuerreise Leben. Das tut unendlich gut. Ein richtiges Happy End, vielleicht denkst du das gerade. Wie schön, aber bei mir tut sich so gar nichts. Ich wiederhole immer wieder das gleiche Muster. Ich fühle mich wertlos, ungeliebt, erschöpft. Alles ist kaputt. Ein Wunder wäre jetzt schön.

Ich kann das gut verstehen. Unter einem Happy End hatte ich mir auch immer vorgestellt, dass ich keine Angst mehr haben würde. Stark wäre. Souverän. Natürlich auch immer im Einsatz für Gott, für Menschen, klar, das gehört ja auch dazu.

Aber dieses Happy End ist so ein ganz anderes, als ich es mir gedacht und manchmal auch erhofft habe. Es gibt immer noch Zeiten, wo ich Panik habe und insbesondere Ängste, wo ich in alte Verhaltensmuster hineinfalle, wo ich Angst vor Nähe habe, nicht vertrauen, nicht loslassen kann, zumindest nicht so schnell.

Mein Leben ist weiterhin bewegt. Es gibt Tiefen und Höhen. Aber ich merke: Meine Wunden werden versorgt. Nicht alles wird gut oder ist gut, aber die Verletzungen heilen, auch wenn sie Narben hinterlassen. Ja, ich nehme weiter Medikamente. Und ja, ich gönne mir Therapiestunden. Sie tun mir gut. Ich sorge für mich. Ich entscheide.

„Hätte ich das alles doch früher gewusst und mich darauf eingelassen", denke ich heute oft. „Hätte ich doch ..." Ich merke, mit diesen Gedanken verfalle ich in alte Verhaltensmuster. „Ich hätte" eben nicht und ich konnte damals nicht anders handeln, denken, fühlen und reagieren. Ich habe das Beste versucht, was mir damals möglich war. Ich war überfordert und noch nicht so weit, mich meinen Verletzungen wirklich zu stellen.

Ich weiß nicht, warum manche Erkenntnisse und Entwicklungen so lange dauern. Aber ich merke, das Leben ist auch ein Wachstumsprozess. Ich vergleiche diesen gerne mit den Jahreszeiten:

- Im Winter ist alles scheinbar erkaltet, aber der Same ruht in der Erde, darf sich ausruhen. Und wir dürfen uns einkuscheln, ein Licht anzünden. Diese Zeit ist eine Zeit für Entwicklungen, die oft im Stillen beginnen.
- Dann folgt der Frühling: Die Sonne kommt, erste Blüten beginnen sich zu entfalten. Zeit zum Aufblühen.
- Der Sommer ist die Zeit der Sonne, Wärme, der vollen Blüte. Die Zeit zum Abheben, Zeit für Leichtsinn, Zeit zum Auftanken.
- Mit dem Herbst kommt die Zeit für die Ernte, stolz auf sich zu sein, dankbar. Zeit zum Ankommen.

Ich finde, das passt auch in unser Leben, zumindest in meines. Es gibt unterschiedliche Jahreszeiten und Phasen in meinem Leben. Diese Veränderungen tragen zum Wachstum bei. Geben mir Halt und Festigkeit. Alles hat seinen Sinn, auch wenn ich ihn nicht immer erkenne.

Ich freue mich, dass ich jetzt da bin, wo ich bin. Ich bin zuversichtlich. Ich bin da. Mit allem, was mich ausmacht. Ich kann mich zeigen. Ich schätze mich wert. Und manchmal fange ich sogar an, über mich zu lachen. Das tut gut. Ich beginne, mich zu versöhnen mit mir und auch mit meiner Vergangenheit. Und ich freue mich über mein Leben. Über seine Schönheit, auch wenn manches verborgen ist, das Abenteuer, das Wachstum und das Ankommen.

Natürlich gibt es neben der geschilderten Krise noch ganz andere Formen von Krisen: Burn-out, Einsamkeit, Trennung, Scheidung, Tod, Verlust, Krankheit, Depressionen, Krebs, Ratlosigkeit. Zerbruch. Verletzungen. Missbrauch. Übergriffigkeit. Grenzverletzungen. Das Gefühl, allein zu sein. Auszug der Kinder. Rente. Und noch so viele mehr.

Sie sind nicht gegeneinander aufzurechnen oder zu bewerten. Nach dem Motto: Das eine ist viel schlimmer als das andere. Für uns alle sind sie einschneidend, stellen das Leben auf den Kopf. Unsere Gewohnheiten werden auf links gedreht und wir müssen uns neu sortieren oder etwas verändern. Und das kann uns Angst machen. Und auch das ist okay.

Manchmal wird auch etwas zu einer Krise, was wir wertschätzen und eigentlich als gut und richtig empfinden. Als mein letzter Sohn auszog, fand ich das gut. Selbstständigkeit ist für mich ein wichtiger Wert. Unabhängigkeit auch. Und so habe ich ihn da auch gefördert. Es hat länger gedauert, bis ich zugeben konnte, dass ich einfach auch trauerte, obwohl dieser Ablösungsprozess gut war.

Die Liste von Krisen ist lang. Psychologen sprechen von vier Krisenformen:

1. Einengungskrisen
Dazu gehören Krankheit, Armut, materielle Verluste. Sie erfordern erst mal einen Rückzug auf uns selbst und auf die Frage: Was ist mir wirklich wichtig im Leben?

2. Expansionskrisen
Das sind größere Umbrüche im Leben und, ja, tatsächlich auch Innovationszeiten: eine neue Stelle, die Umsetzung neuer Ideen, sich verlieben, Eltern werden, immer dann, wenn wir uns weiterentwickeln. Alles, was neu ist, ist auf der einen Seite wunderbar intensiv, auf der anderen Seite werden unsere Gewohnheiten auf den Kopf gestellt. Manchmal haben wir dann eher den Drang, wegzulaufen oder am „Alten" festhalten zu wollen. Auch hier müssen wir uns intensiv mit uns selbst und unseren Ängsten auseinandersetzen.

3. Auflösungskrisen
Dazu gehören z. B. Trennungen von Menschen, Scheidungen, Konflikte bei der Arbeit u. ä. Hier benötigen wir oftmals einen Halt, jemanden, der uns unterstützt, dass wir Dinge auch loslassen können.

4. Transformationskrisen

Diese sind oftmals sehr intensiv, z. B. wenn es um Tod geht, aber auch um Geburt oder einen Identitätswechsel. Auch in diesen Phasen benötigen wir häufig Begleitung, Fürsorge und eine starke Auseinandersetzung mit heftigen Gefühlen.

Bei psychischen Erkrankungen und Krisen, so mein Eindruck, kommen oftmals noch Sprachlosigkeit und Wegsehen dazu. Sie werden als Schwäche angesehen, oftmals tabuisiert. Und irgendwie schwingt dabei häufig der Gedanke mit, zumindest ging mir das so: „Selbst schuld. Wenn du alles richtig gemacht hättest oder dich nicht so anstellen würdest, ginge es dir besser." Es hat lange gedauert, bis ich akzeptiert habe, dass es gute Gründe dafür gab.

Und manchmal kommen noch die vielen gutgemeinten Ratschläge dazu, die ich in diesen Krisenzeiten gar nicht gebrauchen kann und mich noch mehr in die Enge treiben:
• Ist doch nicht so schlimm!
• Entspann dich einfach mal!
• Stell dich nicht so an.
• Andere haben viel mehr Probleme!
• Dir geht's doch gut!
• Du brauchst keine Angst zu haben!

Gut gemeint, aber schlecht gesagt. Hilfreicher sind hier sicherlich Aussagen wie:
• Hey, ich sehe, dass es dir nicht so gut geht.
• Wie kann ich dich unterstützen?
• Komm, ich umarme dich mal.
• Ich bin da.
• Du bist nicht allein.

- Es gibt Hilfe und Unterstützung
- Ich begleite dich dabei.
- Lass dir Zeit.
- Ruh dich aus.
- All das darf sein.
- Es wird dir wieder besser gehen.
- Du musst jetzt gar nichts.

Das tut einfach sehr gut.

Falls du gerade „auf der anderen Seite stehst" und jemanden trösten möchtest, frage immer erst einmal, was für dein Gegenüber jetzt hilfreich ist. Was ihr oder ihm jetzt guttut. Und tu nicht einfach das, was du denkst, was guttun könnte.

Es tut gut, sich den Raum zu nehmen. Ja, auch den Raum für Krisen. So absurd das vielleicht klingen mag. Einen Raum für Krisen, wo alle unangenehmen oder scheinbar „unangemessenen" Gefühle sein dürfen: Wut, Trauer, Angst, Resignation. Zu wenig Vertrauen. Nicht loslassen können.

Nimm dir diesen Raum. Deine Gefühle sind in Ordnung. Sie brauchen Zuwendung. Auch ich übe weiter. Denn manchmal fällt es mir auch heute noch schwer, mich meiner Verletzbarkeit und meinen Krisen zu stellen. Dann verfalle ich in alte Muster, kämpfe gegen alle Gefühle, die scheinbar nicht sein dürfen, an. Oder verberge und verdränge sie. Das tut mir dann nicht gut. Wenn ich es aber lerne, Gastgeberin für meine Gefühle zu sein, verlieren sie ihre Macht. Ich bin die Hausherrin, ich entscheide und kann dann liebevoller mit ihnen umgehen.

Geholfen hat mir in Krisenzeiten immer auch, dass ich meine Wut, meine Erschöpfung, meine Ängste und meine Trauer Gott vor die Füße geschmissen habe. Ja, ihn auch anklagte. Ihm meine Verzweiflung gezeigt habe, einfach so. Ohne in einem Atemzug einen frommen Spruch dahinter zu klemmen, wie: „Dein Wille geschehe", oder: „Ich bin dankbar in allen Nöten". Und auch das tat mir gut.

Unterschiedliche Gefühle in Krisen sind normal und dürfen sein:

Wut

Kennst du die Geschichte von Hagar?

„Sie ist dein Eigentum", erwiderte Abram, „ich lasse dir freie Hand – mach mit ihr, was du willst!" In der folgenden Zeit behandelte Sarai Hagar so schlecht, dass sie davonlief. Der Engel des HERRN fand sie an einer Wasserstelle in der Wüste auf dem Weg nach Schur und fragte sie: „Hagar, du Sklavin von Sarai, woher kommst du und wohin gehst du?" „Ich bin auf der Flucht vor meiner Herrin Sarai", antwortete sie. Da sagte der Engel des HERRN zu ihr: „Geh zu ihr zurück. Bleib ihre Sklavin und ordne dich ihr unter! Ich werde dir so viele Nachkommen schenken, dass man sie nicht mehr zählen kann! Du bist schwanger und wirst bald einen Sohn bekommen. Nenne ihn Ismael (›Gott hört‹), denn der HERR hat gehört, wie du gelitten hast. Dein Sohn wird wie ein wildes Tier sein, das niemand bändigen kann. Er wird mit jedem kämpfen und jeder mit ihm. Voller Trotz bietet er seinen Verwandten die Stirn." Da rief Hagar aus: „Ich bin tatsächlich dem begegnet, der mich sieht!" Darum nannte sie den HERRN, der mit ihr gesprochen hatte: „Du bist der Gott, der mich sieht." Der Brunnen an dieser Stelle erhielt den Namen: „Brunnen des Lebendigen, der mich sieht". Er liegt bekanntlich zwischen Kadesch und Bered. Hagar ging wieder zurück. Sie bekam einen Sohn, und Abram nannte ihn Ismael. (1. Mose 16,6-15)

Diese Geschichte berührt mich immer wieder sehr. Hagar, die Sklavin, die von ihrem Herrn benutzt, ja, vergewaltigt wurde. Ja, sie war auch aufmüpfig und triumphierte über Sara, als sie schwanger wurde. Aber das finde ich sogar irgendwie menschlich und macht sie mir sympathisch. Von Sara gequält und verjagt floh sie in die Wüste, wollte sterben. Und dann ist da Gott, Gott, der sie sieht. Der Hagar sieht. Ihr eine Verheißung gibt. Auch ihr. Und ihrem Sohn. Übrigens: Gemeinsam mit Isaak begräbt Ismael später seinen Vater Abraham (1. Mose 25,9), sein Stammbaum mit vielen Nachfahren wird erwähnt (1. Mose 25,12-18). Esau heiratet sogar eine Tochter von Ismael (1. Mose 28,9).

Hagar nennt Gott (offensichtlich kannte sie ihn vorher nicht), dem sie in der Wüste begegnet: „Du bist ein Gott, der mich sieht". Wow, was für eine Erkenntnis! Was für eine Klarheit. Was für eine Sicherheit. Was für eine Verheißung. Was für eine Liebe. Und wie wohltuend anders als gedacht. Das tut mir gut zu lesen. Wenn ich ehrlich bin, empfinde ich manchmal eben auch diese Wut, diese Wut, die schreit: „Warum ich? Warum schon wieder? Reicht es nicht irgendwann? Ich habe doch genug gelernt aus den Krisen, sie als Chance genutzt, wie man so schön sagt. Aber immer wieder Krisen, das ist mir ein zu hoher Preis, um etwas zu lernen. Es überfordert mich. Ich bin müde. Und warum haben andere ein scheinbar leichteres Leben, sind einfach mit einem optimistischen Naturell geboren und haben eine tolle Kindheit gehabt? Oder ihr Leben verläuft in glücklichen Bahnen, ohne Trennung und Ängste?"

Und manchmal habe ich dann auch das Gefühl, ich werde in die zweite Reihe abgestellt, wie Hagar. Andere erreichen und machen so viel. Dabei möchte ich doch auch Teil von Gottes Geschichte sein. Nicht krank sein. In erster Reihe stehen. Ja, auch dort, auch wenn das egoistisch oder zu anspruchsvoll klingt, oder? Du bist ein Gott, der mich sieht.

Erschöpfung

Kennst du den Mann, der sich leidenschaftlich für Gott eingesetzt und gekämpft hat? Der keine Angst hatte. Sich mutig seinen Feinden (und Ängsten) stellte? Und Umwerfendes mit Gott erlebte? Und dann frustriert, ja deprimiert in die Wüste flieht? Am liebsten sterben würde, verzweifelt ist?

Gott findet ihn. Gott findet ihn genau dort, wo er gerade ist: in seiner Enttäuschung, in seinen Ängsten, in seiner Erschöpfung. Und das Geniale ist: Gott ermahnt nicht. Er fordert nichts. Kein: „Warum ist dein Vertrauen so klein, nachdem du so tolle Sachen erlebt hast?" Nein, Gott versorgt ihn. Mit Essen, mit Trinken und mit Schlaf. Gott versorgt ihn. Dann macht der Mann sich auf den Weg durch die Wüste, klettert auf einen Berg und begegnet Gott, nicht im Sturm, nicht in der Gewalt, sondern in der Stille. In einem sanften Wind. Dieser Mann ist Elia (nachzulesen in 1. Könige 18 und 19).

Was für eine tröstliche Geschichte. Da ist jemand, der leidenschaftlich ist und sich eingesetzt hat, auch für Gott. Ich habe das oft getan und manchmal war ich dann einfach enttäuscht und resigniert. So sehr hatte ich mich angestrengt und engagiert, auch für Gott, und so wenig ist scheinbar entstanden. Ich bin müde. Gott findet mich.

Gott findet mich, genau dort, wo ich gerade bin. In meinem Gefühl der Enttäuschung und Resignation. Gott findet mich und Gott versorgt mich. Ich muss erst mal gar nichts machen: mich nicht rechtfertigen. Mich nicht verteidigen. Mich nicht anstrengen. Gott versorgt mich und begegnet mir in der Stille. Wohltuend. Sanft. Gott findet mich.

Angst

Ängste und Panik sind für mich sehr schwierige Gefühle. Ich bin im ersten Moment ohnmächtig und fühle mich ihnen ausgeliefert. Entweder erstarre ich oder ich gehe in Aktion. Beides ist unendlich anstrengend. Tatsächlich haben mir zwei Dinge bei der Bewältigung geholfen:

Zum einen, die Panikattacken zuzulassen und gar nichts zu machen. Sie gehen vorüber und bringen mich nicht um. Tatsächlich. Und zum anderen, mit meiner Angst ins Gespräch zu kommen und zwar wortwörtlich: mich hinzusetzen, der Angst gegenüber. Mich mit ihr zu unterhalten und zuzuhören.
Mach das nicht allein, wenn die Angst zu groß erscheint, suche dir Unterstützer und Menschen, die dich begleiten, ermutigen und mit dir üben.

Wie tröstlich ist es doch, dass Jesus auch Angst hatte. Er schwitzte Blut und Wasser. Wer könnte dich da besser verstehen? Wer dich trösten und in den Arm nehmen?
Gott nimmt dich in seine Arme.

Trauer

Neulich erzählte eine Frau in ihrer Predigt davon, dass wir Gottes Leinwand sind. Eine Leinwand, auf der Gott sein wunderschönes Bild von uns malt. Und ich musste innerlich weinen.

Was sehen wohl die Leute, wenn sie mich sehen? Keine glanzvolle Ikone. Keine Heldin, die den Drachen der Angst besiegt hat. Jemanden mit Ecken und Kanten. Wunden. Verletzungen. Und einen fetten Stempel: krank, erbärmlich.

Und dann sehe ich genauer hin. Ja, diese Person ist beschädigt, aber sie hat Ausstrahlung, Schönheit und Würde. Sie ist mehr als nur „die Ängstliche", „die Kranke", „die Trauernde". Ich beginne, ihre Verletzungen mit Sorgfalt und Zuwendung zu sehen. Dieses Bild ist von Gott gemalt. Es gibt mir Würde. Ich freue mich und bin stolz auf dieses Bild.

Gott sieht mich.
Gott findet mich.
Gott umarmt mich.
Gott gibt mir Würde.
Und das verändert alles.
Gott gibt mir Wert.

Ja, ich bin beschädigt. Ja, ich fühle mich oftmals immer noch verwundet und ich bin es auch. Aber ich kann auch sagen: Es wird vieles heil, sanfter, behutsamer. Ich beginne, fürsorglicher und liebevoller mit mir umzugehen.

Jeder Einzelne von uns ist ein Abbild Gottes, aber jeder gleicht einem beschädigten Bild. Wenn wir eine Ikone erhielten, die durch Abnut-

zung, menschlichen Hass oder andere Umstände beschädigt wurde,
würden wir sie mit Ehrfurcht, Zärtlichkeit und Trauer betrachten.
Wir würden unsere Aufmerksamkeit nicht in erster Linie der Tatsache
zuwenden, dass sie beschädigt ist, sondern der Tragödie ihrer Beschä-
digung. Wir würden uns darauf konzentrieren, was von der Schönheit
übrig ist und nicht auf das, was von der Schönheit verloren ging …[6]

Ich liebe das wertschätzende und behutsame Menschenbild, das
hinter diesem Zitat steht. Es drückt gut meine Haltung in meiner Beratung aus und meine Vision: andere Menschen zu ermutigen, das Schöne, das im Alltag oder durch Krisen und Brüche
verschüttet gegangen ist, wieder zu entdecken, hervorzulocken
und ins Leben zu rufen. Mit Verletzungen und Verwundungen
behutsam umzugehen und sie zu versorgen. Nicht alles wird gut,
aber es wird heil.

Ich weiß nicht, was die Wunde deines Lebens ist. Deine Not.
Dein Leid. Deine Krise. Was dich traurig, ohnmächtig, müde
oder wütend macht. Gib diesen Gefühlen Raum. Lass sie ruhig
einmal zu. Es ist okay. Es tut gut, sich ausruhen zu dürfen, ohne
wieder etwas machen zu müssen.

- *Was tut dir jetzt gut?*
- *Wie möchtest du dich am liebsten ausruhen?*
- *Wer kann dich dabei unterstützen?*

Es tut gut, in den Arm genommen zu werden. Wenn du magst, suche dir Menschen, denen du vertraust, die dich einmal in den Arm nehmen, kommentarlos. Ohne Ratschläge. Einfach so.

Es tut gut, aufzustehen, Gespräche zu suchen, eine Therapie zu machen, ein Coaching oder was dich gerade unterstützen könnte, da, wo du keine Kraft hast. Das ist kein Zeichen von Schwäche, sondern von Mut, Wertschätzung und Selbstfürsorge. Ich habe lange gebraucht, um das zu verstehen. Es ist ein gesunder Umgang mit dir selbst, Unterstützung zu suchen.

Es tut gut, sich Zeit zu nehmen für Entwicklungen, Veränderung und die Bearbeitung der eigenen Geschichte. All dies geschieht nicht an einem Tag. Und auch das ist okay.

Es tut gut, sich an die Klassiker zu erinnern: Bewegung, gesunde Ernährung, Entspannungsübungen. Achtsamkeit, gesundes Stressmanagement. Es gibt tausende Kurse dazu. Bildungsurlaube. Seminare. Webinare und vieles mehr. Suche dir eine Sache aus, die du ausprobieren möchtest. Nur eine! Und die fang an. Erzähl anderen davon.

Es tut gut, zu akzeptieren: Ja, die Situation ist jetzt gerade so. Ja, ich habe sie mir nicht gewünscht. Ich hätte es gerne anders gehabt. Manches kann ich vielleicht ändern, anderes nicht. Akzeptanz ist übrigens das Gegenteil von Resignation. Bei der Akzeptanz höre ich auf, etwas zu ignorieren oder zu vermeiden. Ich gestalte aktiv.

Gefühle dürfen sein und ich muss sie nicht bekämpfen. Wenn ich auch unangenehme Gefühle zulasse, gehen sie tatsächlich wieder schneller vorbei. Das habe ich früher auch nicht geglaubt, so ist es aber tatsächlich. Ich verschwende weniger Energie oder grüble nicht so viel. Das gibt mir den Freiraum und auch Dankbarkeit, diese Energie anders einzusetzen.

Tja, mittlerweile weiß ich ein wenig besser, was mir guttut. Manches gelingt, anderes noch nicht und manchmal brauche ich weiterhin Unterstützung. Aber ich übe und bleibe dran. Und ich gestehe: Manches hätte ich mir anders gewünscht. Leichter. Unbeschwerter. Kürzer. Aber mittlerweile bin ich auch stolz auf mich.

Lange Zeit hatte ich gedacht, mein Leben wäre eine ständige Wiederholung und Abfolge von einer Krise in die nächste Krise zu purzeln. Dabei gab es noch viel mehr in meinem Leben. Ich bin mehr als meine Krisen. Ich bin lebendig. Ich darf gestalten. Ich darf mich ausruhen. Ich darf auch stolz auf mich sein.

Ich bedauere nichts, sagte sie
Ein Anfang ist immer möglich
Märchen werden wahr
Drachen funkeln blau und fröhlich
Ungeheuer werden klein und freundlich
Mein inneres Kind ist gut aufgehoben
Alle Schlachten sind geschlagen
Es ist gut
Der Hüter bewacht meinen Schlaf

Trotz DEM. Trotze dem, was dich klein machen und dich reduzieren oder nur als Opfer abstempeln möchte.

- *Worauf bist du stolz?*
- *Was hast du dich schon alles getraut?*
- *Ein freundlicher Engel macht dir Komplimente. Was würde er dir sagen? Schreibe 20 Komplimente auf. Sei nicht schüchtern, der Engel ist es auch nicht.*

1. _____
2. _____
3. _____
4. _____
5. _____
6. _____
7. _____
8. _____
9. _____
10. _____
11. _____
12. _____
13. _____
14. _____
15. _____
16. _____
17. _____
18. _____
19. _____
20. _____

Krisen sind nicht schön. Sie sind herausfordernd. Sie sind an-strengend. Aber tatsächlich können sie auch eine Chance sein. Es gibt Auswege. Du bist nicht allein. Ruh dich aus, da wo du jetzt bist. Sprich mit jemanden. Such dir Hilfe, falls das jetzt für dich dran ist. Lass dich versorgen. Schreibe mir eine Mail.

Und jetzt?
Mache einmal deine Augen zu und überlege dir drei Dinge, die dir in diesem Kapitel beim Lesen gutgetan haben. Schreibe sie auf. Gerne in dein Notizbuch. Alles andere kannst du ruhig vergessen. Und nun schlage dieses Buch zu, geh raus. Halte dein Gesicht in die Sonne (oder in den Regen). Genieße das Prickeln auf deiner Haut. Halte die Augen auf, finde etwas Schönes am Wegesrand. Nimm es mit. Schreib ein Gedicht oder rahme es ein.

Wenn du eine schöne Übung zusätzlich magst:
Suche dir einen angenehmen Ort, drinnen oder draußen. Nimm dir Zeit mit, dein Lieblingsgetränk, vielleicht auch Mu-sik, was zum Knabbern, ein großes Blatt Papier, bunte Stifte. Und dann male einen Baum, deinen Baum. Niemand guckt zu, keiner bewertet, ob er toll aussieht oder nicht. Ich z. B. kann immer noch nicht gut malen, auch wenn manche sagen: „Jeder Mensch ist auch ein Künstler". Nö, ich nicht, aber ich liebe Kunst. Ich male wie eine Dreijährige. Mir macht das nichts aus. Aber es tut auch mir gut, ab und an zu malen. Also, dein Baum ist auf dem Papier, nun notierte dir die fol-genden Fragen dazu, wenn du magst:

Der Boden:
Was sind deine Wurzeln? Was gibt dir Halt?
Du kannst auch deinen Lieblings(bibel)vers oder einen tollen
Satz, der dir Kraft gibt, aufschreiben.

Der Stamm:
Wer sind deine Unterstützer:innen?
Wer darf dazukommen?

Der Dünger:
Was tut dir gut?
Was gibt dir Kraft?
Worauf bist du stolz?
Wofür bist du dankbar?

Die Früchte:
Was kannst du besonders gut?
Was fällt dir leicht?

In den Wolken:
Wer oder was inspiriert dich?

Suche einen schönen Ort für dieses Bild. Du kannst es jederzeit
ergänzen, erweitern. Es ist dein Baum.

Und falls dir dabei eine Idee gekommen ist, ein schöner Gedan-
ke, was du gerne wieder machen möchtest, dann überlege dir:
Womit möchtest du anfangen?

Jetzt, heute. Fang an. Genieße den Zauber des Aufbruchs. Du
bist es wert! Es ist dein Raum. Du darfst ihn gestalten.

Gott sieht dich.
Gott findet dich.
Gott umarmt dich.
Gott gibt dir Würde.
Das verändert alles.

Und nun du. Wenn dir jemand garantieren würde, dass es gut ausgeht – was würdest du tun? Erzähl deine Geschichte.

KAPITEL 5: RAUM FÜR BEHUTSAMKEIT
Innere Antreiber enttarnen

Es klingelt. Ich stehe auf und öffne die Tür. Jo steht vor der Tür. Ich kenne Jo gut, er kommt häufig zu Besuch, er ist ziemlich engagiert. Immer in Bewegung. Oft stellt er sich quer und leistet Widerstand. Er hat schon viel gekämpft. Jetzt stürmt er wieder, voller Tatendrang, in meine Wohnung. Einfach so, dabei hatte ich ihn gar nicht eingeladen.

Er gibt nie auf. „Ohne Fleiß kein Preis", sein Motto. „Nur wer sich anstrengt und nicht aufgibt, erreicht etwas", ergänzt er noch. Trotzdem mag ich Jo, er ist ziemlich dynamisch und mutig. Das wirkt ansteckend und wir haben schon viel zusammen erlebt und durchgestanden. Das war aufregend. Nur manchmal nimmt Jo einfach zu viel Raum ein. Er ist sehr dominant geworden und will alles bestimmen. Breitet sich in meiner Wohnung aus. Das wird mir mittlerweile zu viel. Insgeheim mache ich mir auch Sorgen um Jo, dünn ist er geworden und er wirkt müde und gehetzt. Biegsam ist er weiterhin, aber manchmal befürchte ich, er könnte bei all seiner Aktivität zerbrechen.

Heute hat er auch seinen schwarzen Hund dabei, Tinderbell. Sie kläfft und kläfft mich wütend an. Sie kann sich gut in Dinge verbeißen. Wenn sie mal einen Knochen hat, lässt sie ihn nicht mehr so schnell los. Sie kläfft und springt an mir hoch. Tinderbell macht mir Angst. Sie kläfft und kläfft. „Keine Angst", meint Jo, „die beißt nicht". Aber ich fürchte mich trotzdem vor ihr und versuche, sie mit meinem Fuß abzuwehren. Doch das macht sie noch wütender.

Ich bleibe stehen und kann mich kaum von der Stelle bewegen. „Gefangen im eigenen Haus", denke ich. „Geht's noch?" Aber ich traue mich nicht an ihr vorbei.

Jo und Tinderbell haben übrigens noch einen anderen Namen. Jo heißt mit Nachnamen: „Halte durch". Und Tinderbell? Sie ist von erstklassiger Abstammung aus dem Hause: „Streng dich an und sei stark."

Vielleicht hast du Jo und Tinderbell schon erkannt. Sie gehören zu den sogenannten inneren Antreibern, die es in unserem Leben gibt. Je nach Typ, Temperament und der eigenen Geschichte mehr oder weniger stark.

Diese Antreiber können heißen:
• Sei perfekt.
• Sei beliebt.
• Sei unabhängig.
• Behalte die Kontrolle.
• Halte durch.

Glücklicherweise gibt es, wie es so schön heißt, förderliche Einstellungen, mit denen wir den Antreibern begegnen können.

Sei perfekt – oder:
• Auch ich darf Fehler machen.
• Ich bin okay, trotz meiner Fehler.
• Weniger ist manchmal mehr.
• Ich gebe mein Bestes und achte auf mich.

Sei beliebt – oder:

- Ich darf Nein sagen.
- Ich achte auf meine Grenzen und Bedürfnisse.
- Ich bin gut zu mir.
- Ich sorge auch für mich.
- Ich darf anecken.
- Ich darf kritisieren.
- Ich darf kritisiert werden.

Sei unabhängig – oder:

- Ich darf auch mal Schwächen zeigen.
- Schwächen sind menschlich.
- Ich darf mir Hilfe suchen.
- Ich kann mich auf andere verlassen/vertrauen.
- Ich darf/kann delegieren.
- Ich darf mich anlehnen.
- Ich darf Gefühle zeigen.

Behalte die Kontrolle – oder:

- Ich darf loslassen.
- Risiko/Unsicherheit gehört dazu.
- Mut tut gut.
- Ich kann/darf spontan sein.
- Ich kann/darf auf meinen Bauch vertrauen.

Halte durch – oder:

- Ich sorge für mich.
- Ich darf mich ausruhen und entspannen.
- Ich darf es mir leicht machen.

- Ich darf loslassen.
- Ich darf aufgeben.
- Ich habe Grenzen und das ist gut.
- Ich darf mich anlehnen.

Schließe für einen Moment deine Augen und überlege, welcher Erlaubnissatz dir momentan am besten gefällt und dir jetzt guttut. Unterstreiche ihn oder schreibe ihn auf. Du darfst ihn behalten.

_____

_____

_____

_____

Hach, das tut einfach gut. Endlich was zu dürfen und nicht zu müssen. Doch du wirst es vielleicht ahnen und auch schon gemerkt haben: Im Alltag ist das gar nicht so leicht umzusetzen. Mir fällt es zumindest nicht leicht. Ich stehe weiterhin erstarrt vor Tinderbell, Jo ist dabei auch nicht hilfreich. Aber, so kitschig, das jetzt hier klingen mag: Plötzlich ist da Gott bei mir. Er war schon immer da, aber ich habe ihn gar nicht wahrgenommen. Er nimmt meine Hand. Und seine Sommersprossen funkeln. Ja, er hat tatsächlich Sommersprossen, wusste ich noch gar nicht. „Komm", sagt er, „wir machen das gemeinsam." Und wir gehen auf Tinderbell zu. Auf Tinderbell, die so gerne immer stark sein möchte. Zögerlich beuge ich mich zu ihr herunter.

Gott passt dabei auf mich auf, beruhigend, denke ich. Mein Herz schlägt mir bis zum Hals, doch dann kraule ich Tinderbell unter ihrem Hals, ganz behutsam. Bücke mich zu ihr herunter und unterhalte mich mit ihr. Sie flüstert mir zu: „Ich belle doch nur so laut, damit ich dich beschützen kann." „Das kann ich verstehen", sage ich, „aber das musst du jetzt nicht mehr. Ich bin erwachsen. Jetzt passe ich auf dich auf."

Mittlerweile gehen wir öfters spazieren. Manchmal bellt sie noch laut. Das ist auch gut so. Aber ich erkläre ihr, wann das notwendig ist und wann nicht. Wir üben zusammen. Ich bin die Chefin. Und Jo? Ihr wisst schon, derjenige, der immer durchhalten möchte und ganz schlecht loslassen kann. Wir entspannen uns jetzt öfters auf dem Sofa. Manchmal sind wir genervt, verletzt und ängstlich. Und dann sehen wir uns an, fangen an zu lachen, heben die Daumen und sagen: „Gut gemacht." Und Gott? Gott freut sich und klatscht Applaus.

Du weißt oder ahnst, wie deine Antreiber in deinem Leben heißen?
- *Sei perfekt.*
- *Sei beliebt.*
- *Sei unabhängig.*
- *Behalte die Kontrolle.*
- *Halte durch.*

Kreuze spontan an, was du gerade denkst.
Und wenn du magst, schreibe auch eine kleine Geschichte oder sprich mit jemandem darüber. Nimm die folgenden Fragen als kleinen Rahmen dafür und sei gespannt, was entsteht:

- *Welchen positiven Aspekt haben deine Antreiber?*
- *Wovor wollen sie dich beschützen?*

Höre ihnen einmal in Ruhe zu. Dann schau weiter:
- *Welche Nachteile bringen sie mit?*
- *Welchen Preis zahlst du dabei?*
- *Was möchtest du gerne ändern?*
- *Womit wirst du als Erstes beginnen?*
- *Wer kann dich dabei unterstützen?*

Lass dir Zeit. Du bist es wert.

_____

_____

_____

_____

_____

Abschied zu nehmen von alten Verhaltensmustern und liebgewonnen Gewohnheiten ist nicht leicht und es braucht eine gute Balance zwischen Tun und Sein.

Im Tun bin ich schon gut geübt und gut gerüstet. Das fällt mir leicht und ich fühle mich dabei sicher. Einmal „nur" zu schweigen, zu vertrauen und mich anzulehnen, auch mal aufzugeben fällt mir dagegen sehr viel schwerer. Aber das ist okay. Das darf sein. Ich darf üben. Veränderungen brauchen Zeit.

Viel Zeit und Fürsorge,

- indem ich den einzelnen Gefühlen, auch den unangenehmen, Raum gebe, um sie anzuschauen, fürsorglich mit ihnen umzugehen. Ihnen zuzuhören.
- indem ich erkenne und erahne: Meine Antreiber wollten mich beschützen und es gab gute Gründe dafür. Aber jetzt entscheide ich.

- indem ich sehe, dass es noch sehr viel mehr gibt in meinem Leben: Gelassenheit, Leichtigkeit, Schönheit, Stärke, Wohlwollen. Ihnen gebe ich eine Stimme.

- indem ich liebevoll mit mir umgehe, auch mit meiner Vergangenheit.

- indem ich mir eingestehe: All dies darf sein. Diese Gefühle. Das (scheinbare) Versagen. Meine Angst vor Schwäche. Es ist okay. Es darf sein. Das erleichtert mich sehr. Und ich beginne dabei mutiger zu vertrauen, mich anzulehnen, etwas Neues auszuprobieren oder einfach mal nichts zu machen.

- indem ich Vertrauen zu Gott wage (was nicht heißt, dass ich furchtlos bin), aber ich habe einen Halt und Festigkeit. Ich werde gesund. Eine gesunde Erwachsene mit allen ihren Anteilen.

Und wir dürfen dabei ausprobieren, was zu uns passt. Entspannungsübungen helfen mir und tun mir einfach gut, Vertrauen und Gelassenheit einzuüben und diese auch körperlich zu erleben.

Seit einem halben Jahr recke ich nach dem Aufstehen meine Arme in die Luft und schreie laut Danke. Einfach so, egal was ich gerade denke, fühle oder geträumt habe. Und tatsächlich: Das tut mir gut. Schreiben tut mir auch gut. Es ist meine Ausdrucksform für mehr Klarheit. Für andere ist das vielleicht malen, Sport machen, basteln, kreativ sein etc. Ich habe sie nicht, die fertige Formel für Balance. Vielleicht gibt es sie auch gar nicht. Aber ich möchte dich ermutigen, dir Zeiten zu gönnen, dich mit deinen Antreibern behutsam auseinanderzusetzen und dich von Lebenslügen und falschen Glaubenssätzen zu verabschieden.

Und ich wünsche dir Zeiten, wo du einfach sein kannst, wie du bist. Einfach so. Ohne Druck. Ohne Wenn und Aber. Zeit und Raum, wieder zu träumen und dich versorgen zu lassen. Jeder Traum braucht einen Raum. Erinnere dich gerne an dein Notizbuch. Du hast noch keins? Dann ist jetzt vielleicht ein guter Zeitpunkt dafür. In diesem Raum, auch in deinem Notizbuch, sind unfertige Gedanken willkommen. Sonderbares und Wunderbares dürfen sein. In diesen Raum hast nur du Zutritt. Und Gott, wenn du magst. Dieser Raum gehört dir allein. Du schreibst nicht gerne? Dann male oder gestalte eine Collage. Geh nach draußen, pflanze eine neue Blume. Sei kreativ auf deine ganz besondere Art und Weise.

Dieser innere Raum kann für jeden etwas anderes sein. Kritik bleibt draußen, Mails auch. Das Gefühl, nicht gut genug zu sein. Der Zweck bleibt draußen. Nimm dir immer wieder Zeit für diesen, deinen inneren Raum.

- *Was bleibt draußen?*
- *Was entsteht?*

_____

_____

_____

_____

_____

_____

Und wenn du ins Zweifeln, Klagen oder Grübeln kommst, wechsele die Perspektive. Stell dir vor, Gott sitzt neben dir. Er lächelt dich an, nimmt dich in den Arm und sagt: „Ich liebe dich. Schön, dass es dich gibt!"

KAPITEL 6: RAUM FÜR ABENTEUER
Aufbruch in die Weite

„Als Abenteuer wird eine risikohaltige Unternehmung wie eine gefahrenträchtige Reise oder die Erforschung eines unbekannten Gebiets bezeichnet, die aus dem geschützten Alltagsbereich entfernen. Der Abenteurer verlässt sein gewohntes Umfeld und sein soziales Netzwerk, um etwas Wagnishaltiges zu unternehmen, das interessant oder auch gefährlich zu sein verspricht und bei dem der Ausgang ungewiss ist."[7]

So definiert Wikipedia Abenteuer. Und ich gebe es zu, auch ich liebe Abenteuer und Abenteuergeschichten. Okay, vielleicht nicht jeden Tag, aber gerne immer mal wieder. Etwas Ungewohntes zu erleben, Neues zu entdecken, Erfahrungen zu machen, gemeinsam mit anderen unterwegs zu sein – das belebt mich und bringt mich in den Flow. Ein neues Projekt, dieses Buch, ferne Länder und die Lebenslust kribbeln in meinem Bauch. Natürlich ist mir bewusst, dass es auch anstrengend ist. Jeden Tag in der Wüste ein Zelt aufzustellen, kostet Kraft. Um 6.00 Uhr morgens aufzustehen, um einen Leoparden zu sehen, auch. Ein Projekt zu entwickeln, ohne zu wissen, ob es „gut" ausgeht oder gar fertig wird, ebenso.

Aber ich liebe sie trotzdem, diese Abenteuer. Meinen Horizont zu erweitern, mich für etwas einzusetzen, egal ob ich auf Reisen bin oder etwas plane. Viele Geschichten aus der Bibel fallen mir zum Thema Abenteuer ein: die Geschichte von Mose, David, Petrus, Maria, Samuel, Ruth. (Ergänze deinen Helden, deine Heldin aus der Bibel!)

Ich glaube, alle diese Abenteuergeschichten, auch die aus der Bibel, haben Elemente, die uns faszinieren und beeindrucken. Nicht nur, weil sie eine gute Story erzählen. In der Beratung spricht man gerne von einer „Held:innenreise". Die Held:innen sind dabei Menschen wie du und wie ich, die das Folgende erleben:

• Sie hören einen Ruf, eine Berufung, raus aus dem Alltag.
• Sie gehen trotz Widerständen los.
• Sie treffen auf Gegner und Krisen.
• Sie erleben Rettung und Sieg.
• Sie gehen verändert zurück in den Alltag.

Verbunden mit den Fragen:
• Wie sieht die Welt aus, in der sich die „Heldin" oder der „Held" bewegt?
• Wie und von wem erhält sie/er den „Ruf ins Abenteuer"?
• Warum weigert sie/er sich zunächst?
• Was überzeugt die Heldin / den Helden schließlich von seiner Mission?
• Wer sind ihre/seine Gefährten?
• Wer sind ihre/seine Gegner und wo kommt es zum Kampf?
• Warum kommt es zur Krise und wie wird die Krise bewältigt?
• Was ermöglicht die Rettung, den Sieg?
• Und die „Moral" von der Geschichte ...

Bist du bereit für deine Held:innenreise?

„Als Margery zehn war, verliebte sie sich in einen Käfer." So beginnt ein wunderbares Buch, in das ich mich auf der Stelle verliebte: „Miss Bensons Reise" von Rachel Joyce.[8]

Es ist die Geschichte zweier sehr unterschiedlicher Frauen, Margery und Enid. Beide hegen einen besonderen Traum und haben ein Geheimnis. Im Jahr 1950 begegnen sie sich in London und brechen gemeinsam auf zu einer ungewöhnlichen, mitreißenden Abenteuerreise. Witzig, intensiv und sehr berührend erzählt. Eine Geschichte, die mich tief beindruckt und weiterhin begleitet.

Ich lade dich in diesem Kapitel zu einer Abenteuerreise der ganz anderen Art ein. In diesem Fall sind es Zitate und kurze Episoden aus dem oben genannten Buch, die dir einen Rahmen geben, um deine Abenteuerlust wieder zu entdecken. Oder, falls du bereits unterwegs bist, dich weiter zu ermutigen.
Und nun lass uns losgehen.

Suche, und du wirst finden.
Ungesuchtes bleibt unentdeckt.

(Sophokles)

Schon dieses Zitat ganz am Anfang des wunderbaren Buches fordert mich heraus und verführt mich zu den Fragen:

- *Bin ich eigentlich noch auf der Suche?*
- *Was ist mit meiner Abenteuerlust passiert?*

Margery ist eine Sammlerin. „Vor Jahren hatte [sie] Dinge gesammelt, die sie immer daran erinnern sollten, was sie liebte, damit sie sich treu blieb. [...] Sie hatte Pläne geschmiedet, doch irgendwann hatte sie damit aufgehört."[9] – Puh, das fängt schon gut an, denke ich. Kann es nicht ein bisschen netter und einfacher sein? Prompt erinnern mich diese Zeilen an meine eigenen Pläne und Ideen, die ich in meinem Leben schon geschmiedet habe. Manche konnte ich wirklich in die Tat umsetzen. Andere schlummerten wieder ein oder wurden direkt in den Müll geworfen.

Stolz bin ich natürlich darauf, dass ich meine Ausbildung zur Systemischen Beraterin tatsächlich nicht nur begonnen, sondern nach zwei Jahren auch abgeschlossen habe. Vieles habe ich danach ausprobiert, einiges ist gelungen, anderes nicht. Aber es gibt auch Zeiten, in denen ich keinen Elan mehr auf etwas Neues oder Abenteuer habe. Es gibt ja genügend anderes, womit ich mich beschäftigen muss: Krisen, Alltag, mehr Bewegung. Wie peinlich, denke ich, als ich mich dabei ertappe, auf dem Sofa liegend Tierfilme anzusehen. Das war für mich immer der Inbegriff der Spießigkeit gewesen. Und jetzt gehöre ich dazu. Aber es erinnert mich an meine Sehnsucht nach fernen Ländern, an meine Neugier, etwas zu entdecken.

Zu alt bin ich auch, nölt ein anderer Anteil in mir. Bis mich jemand erinnert: Zwischen 28 und 58 liegen genauso viele Jahre wie zwischen 58 und 88. Ganz genau 30 Jahre, und was habe ich nicht alles in den letzten 30 Jahren erlebt, ja, auch eingeübt, bewältigt, bearbeitet, genossen, entdeckt, betrauert und gestaltet. Also schaue ich wieder auf die Dinge, die ich liebe. Ich gebe ihnen Raum.

Schließe für einen Moment deine Augen und überlege:
- *Wem oder was würdest du gerne wieder mehr Raum geben?*
- *Was macht dich neugierig?*
- *Für was begeistert sich dein Herz?*

„Gesucht: französisch sprechende Begleitung für eine Expedition ans Ende der Welt. Alle Kosten werden übernommen."[10] Wow, da denkt jemand groß, da wird nicht gekleckert, sondern geklotzt. Als diese unscheinbare Frau Margery wütend wird, erinnert sie sich an ihren alten Traum. Sie verkauft alles, sucht eine Begleitung, findet Enid, die so gar nicht zu ihr passt, und fährt los.

- *Wo denkst du groß?*
- *Was bist du bereit zu investieren?*
- *Wofür brauchst du Unterstützung?*
- *Angenommen, jemand würde alles bezahlen, was würdest du gerne machen?*

Damals war es offensichtlich nicht selbstverständlich, einen Pass zu haben. Jetzt braucht Margery dringend einen. Und besorgt ihn sich. Ich wühle in meiner Schreibtischschublade und suche nach meinem Pass. Was steht da eigentlich alles drin? Was macht mich identifizierbar? Was gehört zu mir? Ich finde meinen Pass und schlage ihn auf:

Erst mal sehe ich ein Bild (wow, war ich mal jung, seufz ...). Dann meinen Namen, meinen Vornamen, Geburtsort, Geburtstag, die Größe, die Augenfarbe, eine Nummer und einen Stempel vom Amt.

Ich überlege und frage mich: Macht das einen Menschen aus?
- *Wie würdest du dich gerne jemanden vorstellen?*
- *Welche Angaben wären dir wichtig?*
- *Was für ein (Lieblings-)Bild hast du von dir?*
- *Wie gehst du mit deiner Geschichte, deiner Herkunft um?*

_____

_____

_____

_____

_____

_____

Große Fragen, nicht immer leicht zu beantworten. Sie brauchen Zeit. Sie brauchen Ruhe. Sie brauchen Begleitung. Also blättere ich erst mal weiter in meinem Pass.

Und dann sehe ich sie, die verschiedenen Stempel aus vielen Ländern, die ich besucht habe: Israel, Tunesien, Algerien, Syrien, Marokko, Botswana, Usbekistan, Indien, Österreich, Schweiz, Frankreich, Ägypten, Amerika und noch einige mehr.

Ja, mein Leben hat viele Stempel. Hier stempeln sie mich nicht ab, sondern zeigen etwas von dem, was mir wichtig ist. Zeigen meine Abenteuerlust, meine Entdeckerfreude und meine Neugier. Meinen Mut, mich auf Fremdes einzulassen. Und die Erkenntnis, dass ich mich trotz schlechter Sprachkenntnisse durchaus in einem Land bewegen kann. Diese Stempel sagen sehr viel über mich und mein Leben aus. Ich liebe sie, diese Stempel, und das Fernweh, das damit verbunden ist.

- *Welche Stempel würdest du gerne in deinem Pass sehen?*
- *Was brauchst du, um aufzubrechen?*

Ich nehme auf meine Abenteuerreise mit:
1. *Einen Schlafsack*
2. *Eine Kuscheljacke*
3. *Eine:n Begleiter:in*
4. *Ein Buch*
5. *Ein Zelt*
6. *Bunte Stifte*
7. *Papier zum Schreiben*
8. *Kaffee, viel Kaffee*
9. *Eine Hängematte*
10. *Ein Fernglas*
11. *Einen Tropenhelm*
12. *Einen Müsliriegel*

- *Was steht auf deiner Liste?*
- *Was muss unbedingt mit auf deine Abenteuerreise?*

Manchmal legen sich Grau und Staub auf die Dinge, die mir (einmal) wichtig waren. Das erlebt auch Margery: „Es war seltsam, diese Dinge nach so vielen Jahren wieder zu sehen."[11] Manchmal macht es mich traurig, dass ich sie so lange nicht genutzt oder auch nur gesehen habe. Vorsichtig puste ich den Staub weg, das Grau von meiner Seele.

Staubkörnchen wirbeln auf und tanzen im Sonnenlicht, es kribbelt in meiner Nase. Ich muss niesen. Das tut gut. Was mir einmal wichtig war, wird wieder sichtbar.

- *Was ist dir wichtig?*
- *Was tut dir gut?*
- *Was möchtest du vorsichtig wegpusten?*

_____

_____

_____

_____

_____

Wir haben eine Picknickdecke dabei. Kekse, Wein und unsere Fahrräder. Es ist Sommer 2020. Wir sitzen auf unserer Wiese, eine Freundin und ich. Lange haben wir uns nicht mehr gesehen. Getroffen haben wir uns 2019 in der Tagesklinik. Daraus ist eine Freundschaft entstanden, obwohl 20 Jahre zwischen uns liegen.

„Wie geht es dir?", fragt sie. Und da sprudelt es aus mir heraus. Ich erzähle ihr von dem, was mich gerade bewegt und begeistert. Und sie hört zu. Schön ist das. Genauso schön, wie Enid es findet, wenn Margery von Käfern erzählt.

- *Wann hast du zuletzt von deiner Begeisterung erzählt?*
- *Mit wem könntest du darüber reden?*
- *Erzähle von deiner Idee und deinem Vorhaben. Sie sind es wert, du bist es wert.*

_____

_____

_____

_____

_____

_____

„Das Flugboot stieg höher und höher. Zwischendurch ein Zittern, ein Rütteln und Schütteln. Und die ganze Zeit ein unglaublicher Lärm [...] Schau nicht nach unten, schärfte sie sich ein."[12] Doch dann zerrt Enid Margery am Nacken und sie muss hinunterschauen. Und dort sieht sie den Schatten des Flugbootes, winzig kleine Menschen und Häuser und „fette rosa Sonnenaufgangswolken [...] Ein Kribbeln stieg von ihren Fußsohlen auf."[13] Ganz schön hoch. Ganz schön mutig. Abenteuerlich. Aber auch ganz schön wackelig und ganz schön laut.

Ich wundere mich über meine eigene Courage. Was habe ich mir nur dabei gedacht, mich auf eine neue Ausbildung mit 50+ einzulassen? Die meisten Teilnehmer sind viel jünger. Lohnt sich eine Ausbildung überhaupt noch in meinem Alter? Wage ich da nicht zu viel? Wie kann man nur so blöd sein, den festen Boden zu verlassen. Seine Arbeitsstunden als Bibliothekarin zu reduzieren? Und das alles für eine Idee, eine Sehnsucht, eine Berufung?

Und überhaupt – Berufung, das ist so ein mächtiges Wort und irgendwie auch einschüchternd. Berufung, das klingt nach etwas Großem, Einmaligem, Einzigartigem. Dabei muss ich mindestens die Welt retten, Initiativen ins Leben rufen. Mich engagieren. Erfolgreich sein. Mir raubt das den Atem. Das ist zu viel, zu hoch, denke ich.

Ich möchte einfach nur schreiben und damit etwas verändern, ermutigen. Ich fühle mich klein und unbedeutend. Und lege den Stift beiseite.

Und dann schaue ich doch runter. Und ich beginne, vieles aus einer ganz neuen Perspektive zu sehen. Wunderschöne Dinge, die schon längst da sind. Samen, die aufgehen und blühen. Das Flugzeug trägt mich. Wolken winken mir zu. Ich sehe den Ort, nach dem ich mich gesehnt habe. Ich entspanne mich und ich habe das herrliche Gefühl, jetzt hier etwas Wunderbares zu erleben. Ich schreibe, ich schreibe weiter und lasse mich dabei selbst überraschen.

- *Was möchtest du (neu) wagen?*
- *Wo ist es manchmal notwendig, die Perspektive zu ändern?*
- *Was entsteht gerade Wunderbares?*

_____

_____

_____

_____

_____

_____

Irgendwann bemerkt Margery: „Als die Suche noch in weiter Ferne lag, war es [ihr] wesentlich leichter gefallen, sich darüber Gedanken zu machen."[14]

Der alte Klassiker, ich muss lachen. Ja, das kenne ich gut. Ich habe eine Idee, ich habe die Mottenkugeln freundlich, aber beherzt weggepustet und bin aufgebrochen. Und dann kommt da der graue Alltag wieder, der Elan, der Zauber des Aufbruchs verschwindet und es gibt so vieles, was mich ablenkt oder langweilt. Schwierigkeiten tauchen auf, die größer sind, als ich dachte.

„Werden die Leute mich auslachen?", fragt sich Margery, als sie zum ersten Mal Männerkleidung trägt, ihr Koffer war leider nicht angekommen. „Marge, du suchst einen goldenen Käfer am anderen Ende der Welt. Glaubst du wirklich, dass die Leute dich deshalb nicht längst ausgelacht haben? Und in Neukaledonien trägt sowieso die Hälfte der Männer einen Rock."[15] „Und nur, damit du's weißt", lässt Enid sie wissen, „du hast sehr gute Beine."[16] Ich fange innerlich an zu lachen. Ja, so geht es mir auch oft. Da beiße ich mich auch an sinnlosen Fragen fest: „Was werden die Leute sagen? Ist es nicht lächerlich, dieses oder jenes zu tun? Wen interessiert das schon? Und wenn, verändert sich doch nichts ..." Zeit verrinnt und ich halte mich selbst auf. Wie schade eigentlich!

Ich sehe in den Spiegel. Und sehe eine Frau mit starken Schultern. Sie hat schöne Beine. Na also! Ich gehe weiter.

- *Was will dich immer wieder abhalten, das zu tun, wofür du brennst?*
- *Was ist dein schönstes Körperteil?*

Noch in einem weiteren Punkt entdecke ich viele Ähnlichkeiten zu Margery: „Sie hatte sich sich [...] einschmeicheln wollen, obwohl der einzige Mensch, der zu ihr stand, Enid war [...]. Es war Zeit, auf die Regeln zu pfeifen und nach Norden aufzubrechen."[17] Gar nicht so einfach, merke ich. Auch ich ertappe mich immer wieder dabei, dass ich Menschen mehr Macht über mich gebe, als ihnen zusteht. Dann mache ich meinen Wert abhängig von der Meinung anderer und übersehe dabei Menschen, die an meiner Seite stehen.

- *Wo stehst du in Gefahr, dich einzuschmeicheln?*
- *Welchen Menschen möchtest du wieder mehr Raum und Wertschätzung in deinem Leben geben?*

Auch mit der Geduld ist es so eine Sache. „Enid [...], ist es notwendig so schnell zu fahren?" „Ich bin einfach so aufgeregt und will bald ankommen."[18] Hach, herrlich, das kenne ich gut. Offensichtlich bin ich nicht allein. Auch ich bin ein ungeduldiger Mensch. Alles, was länger als zehn Minuten dauert, ist mir schon zu lang. Schnell fahren, schnell erledigen, schnell was zu erleben und zu erreichen, das fühlt sich gut an. Aber Monate oder gar Jahre an einem Projekt zu arbeiten? Das fällt mir schwer. Und wie oft habe ich mich schon von guten Ideen verabschiedet, da sie einen langen Atem brauchten. Und das ist schade.

- *Wofür brauchst du Geduld?*
- *Erinnere dich dabei immer wieder, warum du machst, was du machst.*

Mit wunderschönen Worten beschreibt die Autorin, was Enid und Margery aus dem Flugzeugfenster sehen, als sie sich dem Archipel von Neukaledonien nähern. „Bei dem Anblick stockte Margery der Atem, und sogar Enid brachte einmal in ihrem Leben kein Wort hervor."[19]
Nimm dir immer wieder die Zeit, innezuhalten, zu staunen und das Schöne, was jetzt ist, wahrzunehmen und zu genießen.

- *Was bringt dich zum Staunen?*

Ein Professor hatte Margery erklärt, dass man drei Dinge braucht, um einen neuen Käfer zu entdecken: „Erstens Wissen. Man benötigte alles Wissen, das man sich nur beschaffen könne. Zweitens müsse man vor Ort sein, dort, wo man den Käfer vermutete. Und zu guter Letzt brauche man Mut."[20] Ich finde, das ist gut auf den Punkt gebracht und gilt nicht nur für die Käfersuche. Mit diesem Wissen kann Enid ganz selbstsicher sagen: „Vielleicht finden wir ihn heute." „,Nein', entgegnete Margery. ,Vielleicht doch.'"[21] Ich liebe Enid's Optimismus und Zuversicht in diesem Buch, auch jenseits aller Vernunft und „Wissenschaft".

- *Bist du an dem Ort, wo du sein möchtest?*
- *Wer bringt Optimismus in dein Leben?*

_____

_____

_____

_____

_____

_____

Irgendwann kommen Margery und Enid an ihrem Basislager an, einer Hütte, die so gar nicht Margerys Geschmack entspricht. „Mit der Zeit würde Marge diese Hütte lieben; sie würde die Aussicht hier lieben [...] Aber jetzt im Moment hasste Margery diesen Ort."[22]

Hm, ich gebe zu, das macht mich dann doch nachdenklich. Früher dachte ich oft: „Wenn ich am richtigen Ort bin und das tue, wofür mein Herz schlägt, dann bin ich auch glücklich. Dann fühle ich mich wohl und zufrieden. Dann bin ich im Flow, dann bin ich ganz bei mir."

Offensichtlich ist das nicht immer so. Manchmal bin ich genau da, wo ich hingehöre, aber ich fühle mich nicht wohl. Es nervt mich vieles und es ist anstrengender als gedacht. Am liebsten würde ich alles hinschmeißen und zurück in alte Gewohnheiten gehen.

Aber ich bleibe und lasse mich darauf ein. Und der Ort wird zu einem Zuhause.

In einer wunderbaren Szene beschreibt die Autorin, wie Enid einen Arbeitsplatz für Margery einrichtet. Tief berührt umarmt Margery Enid, weil diese erkannt hat, wer sie wirklich ist. „Ich bin nicht hier, weil ich die Frau oder Schwester von einem Mann bin. Es liegt daran, dass ich eine Frau bin, die bereit ist, sich ins Abenteuer zu stürzen. Ich bin hier, weil ich genau das will, und jetzt habe ich einen Platz für meine Arbeit."[23]

Margery nimmt Raum ein und hat einen Menschen an ihrer Seite, der sie dabei unterstützt. Das berührt mich sehr.

- *Wann bist du im Flow?*
- *Wer und was fördert dich dabei?*
- *Wie sieht dein Arbeitsraum aus?*

Kennst du diese Tage, wo sich gar nichts tut? Die gab es auch bei Margery und Enid: „Drei Tage lang blieb die Welt weiß und nicht vorhanden." Margery schreibt in ihr Tagebuch, hat aber nichts zu berichten. „Sogar ihre Uhr war stehengeblieben."[24]

Ich kenne sie, diese Tage, wo ich nichts „Bedeutendes" in meinen Kalender schreiben kann. Wo der Alltag zäh dahinfließt. Nicht immer gefällt mir das.

- *Wie gehst du mit Alltagstrott um?*
- *Was ist gut daran?*

_____

_____

_____

_____

_____

_____

Doch glücklicherweise gibt es auch die anderen Tage, an denen der Nebel verschwunden ist – manchmal ebenso plötzlich, wie er gekommen ist. „Morgendämmerung. Eine völlig neue Welt."[25] Enid trägt orangefarbene Shorts und eine pinke Bluse. Sie planen, einen Pfad freizuschlagen, bis die Bäume auseinandertreten und sie anfangen können, nach dem goldenen Käfer zu suchen.

Da ist er schon wieder, mein „Lieblingshashtag" #espassiertnichtaneinemTag – und auch nicht in kurzer Zeit. „Schade eigentlich", denke ich insgeheim. Aber einen neuen Pfad anzulegen, benötigt Ausdauer. Ich übe mich in Geduld, das fällt mir nicht immer leicht und gelingt nicht immer.

- *Welchen neuen Pfad möchtest du einschlagen?*
- *Und warum?*
- *Wohin führt er?*

_____

_____

_____

_____

_____

_____

Hast du schon einmal in einer Hängematte geschlafen? „Wie klettert eine Frau in eine Hängematte, wenn sie das noch nicht getan hat? … Margery blieb dabei, dass sie allein zurechtkäme … Die Hängematte zeigte sich weniger kooperativ."[26]

Ach ja, ich merke immer wieder, auch ich brauche Hilfe. Nicht alles schaffe ich allein und das ist gut so. Es ist viel schöner, nicht allein zu sein. Einiges kann ich lernen, anderes können andere besser. Und manchmal tut es auch gut, über sich zu lachen.

- *Worüber kannst du lachen?*

_____

_____

_____

Kennst du das, wenn die Schwere in dein Leben hochkriecht? Enttäuschung und Frustration sich zeigen, wenn so gar nichts passiert oder gelingt. Alles ins scheinbare Leere läuft. Ich schon. Und auch Margery scheint es zu kennen: „Nach Hause. Enid. Nach Hause. Die Expedition ist vorbei. Sie ist überhaupt eine absurde Idee, ist es von Anfang an gewesen. Hier gibt es keine

Orchidee. Hier gibt es keinen Käfer. Und ich habe nicht einmal mehr ein gültiges Visum."[27]

Diese Zeiten sind überhaupt nicht schön. Dann empfinde ich mein Leben als Last. Dann bin ich müde. Ich möchte mich nur noch ins Bett legen. Verletzungen beginnen wieder zu schmerzen, Resignation und Schwermut zeigen sich. Aber trotzdem gilt, was Enid zu ihrem Motto gemacht hat: „Was uns zugestoßen ist, macht nicht das aus, was wir sind. Wir können sein, was wir sein möchten."[28]

Dieser Satz klingt für mich im ersten Moment wie ein billiger Kalenderspruch. Stimmt das denn wirklich? Sind wir mehr als die Dinge, die uns zugestoßen sind? Mehr als unser Schmerz, unsere Trauer? Ich glaube schon. Ja, ich bin sogar zutiefst davon überzeugt. Wir dürfen unser Leben kraftvoll gestalten und Tiefen mit Lebensfreude füllen. Dabei sind wir nicht allein. Gott ist da.

- *Was möchtest du ablegen?*
- *Was ist so wunderschön und liebenswert an dir?*

„Man hat von uns erwartet, kleiner zu sein, als wir wirklich sind, und uns damit zufriedenzugeben. Als ich Marge begegnet bin, habe ich gemerkt, dass ich nicht damit zufrieden war."[29] Ich denke, diese Stelle spricht für sich.

_____

_____

_____

Auf Abenteuerreise zu gehen, braucht Hartnäckigkeit und Ent-schlossenheit und die Bereitschaft, etwas zu ändern. Wir können nicht mehr den anderen die Schuld in die Schuhe schieben, son-dern müssen selbst Verantwortung übernehmen.

Klingt unbequem, ist es auch. Aber irgendwie auch befriedigend. „Ich glaube, da hat deine Lebenslust reingefunkt. Ich glaube, die hat nicht lockergelassen."[30] Lebenslust, was für ein tolles Wort. Ich lasse es auf meiner Zunge genüsslich zergehen. Ich möchte sie mehr schmecken lernen, das Süße, das prickelnd Saure, das Herausfordernde, das Glück. Die Abenteuerlust. Die Lebenslust.

Ich lese meinen Abenteuerratgeber durch. „Ziemlich viele The-men und Fragen", kommentiert der Margery-Anteil in mir. „Quatsch", sagt der Enid-Teil, „gut gemacht, Elke. Die Leute sind ja nicht blöd. Die schaffen das schon, sich das herauszusuchen, was jetzt für sie dran ist oder ihnen guttut."

„Okay, okay, alles klar", lache ich und kaue noch ein bisschen weiter auf meinem Stift herum.

Sie „spürte ein Kribbeln auf der Haut [...] Sie wusste nicht, wie sie dorthin gelangen könnte", aber „sie würde aufbrechen."[31] Und auch ich breche auf. Ich beginne zu schreiben. Dieses Kapitel. Ein Gedicht. Eine andere Geschichte. Es erfüllt mich. Es macht mich klar. Ich bin da. Ich habe gefunden. Gott lächelt mir zu.

fester stand

ein liebevoller blick
eine krone
ein schwert
ein stift
sie schreibt
und wirft
die seiten
in die luft
fröhlich flattern sie
im wind
und
beginnen zu fliegen
in die weite
behutsam ins grau
bunte wiesen
entstehen
sie lacht
freut sich
und ist
ganz da

angekommen

KAPITEL 7: RAUM FÜR KÖRPERARBEIT

Mich als ganzen Menschen wahrnehmen und wertschätzen

Als ich die Tür öffnete, sah ich sie schon im Kreis sitzen: Frauen und Männer, mehr Frauen, nur zwei Männer. Klar, mal wieder typisch. Ich war etwas spät gekommen, auch wie immer. Okay, ich gebe es zu, ein wenig Trotz war auch dabei und der Wunsch, wahrgenommen zu werden. Die Mitte war frei. Frei, um Platz und Raum einzunehmen. Frei für eine Vorstellungrunde. Jeder sollte sich nacheinander in die Mitte stellen und sagen: „Ich bin ..." und sich langsam drehend jedem in die Augen schauen. Puh, eigentlich eine Zumutung, dachte ich. Aber auch eine Herausforderung. Und Herausforderungen, die liebe ich ja. Ich bin ... Nun stand ich also in der Mitte: „Ich bin Elke ..." „... und ehrlich gesagt, ich bin sehr skeptisch. Spirituelles Körperlernen klingt für mich schon sehr abgehoben und mysteriös. Aber ich wollte mir dieses neue Seminar wenigstens einmal anschauen. Und wenn es mir nicht gefällt", sprach ich weiter, „wenn es mir nicht gefällt oder es mir zu viel wird, fahre ich wieder nach Hause, immerhin wohne ich nicht so weit entfernt."

Ich setzte mich wieder zurück auf meinen Stuhl. Irgendwie stolz auf mich. Immerhin hatte ich gesagt, was ich sagen wollte, und mich zusätzlich auf etwas eingelassen, was mir eigentlich Angst machte und mich verunsicherte. Wie war es nur so weit gekommen, grübelte ich, dass ich mich zu einem Seminar angemeldet hatte, wo es fünf Tage lang um Körperarbeit ging? Ich hatte so gar keinen Vertrag mit meinem Körper. Er war okay. Meine Beine mochte ich besonders. Aber Berührungen zuzulassen, fiel mir schwer. Ich war nicht so der „Umarmetyp" und musste mir das immer vornehmen bei den Leuten, von denen ich wusste, dass die das mögen. Na ja, habe ich eben eine andere Sprache der Liebe als Zärtlichkeit und Nähe. Warum das ändern? Ehrlich gesagt kam erschwerend noch dazu, dass ich Nähe nur schlecht zulassen konnte. Ich war gerne allein, dachte ich. Am liebsten hatte ich ein Einzelzimmer und das änderte sich auch nicht durch die Ehe. Arm in Arm liegen, okay, aber nicht die ganze Nacht. Zurechtgestutzt? Ich weiß es bis heute nicht. Auf jeden Fall achtete ich nicht so auf meinen Körper, da war mir anderes wichtiger.

Und nun stand ich also hier. Ausschlaggebend war eine Einladung von einer Frau, die ich schon aus anderen Seminaren kannte und der ich vertraute. Außerdem erschien sie mir als Person eher von der nüchternen Sorte. Sie war mir bisher nicht aufgefallen durch zu viele spirituelle Emotionen, sondern durch Klarheit und gut strukturierte Angebote. „Spirituelles Körperlernen beachtet die Zusammenhänge dessen, wie der Gott der Bibel uns Menschen gemacht hat." „Spirituelles Körperlernen lädt zum Staunen und zur persönlichen Erfahrung des eigenen Seins und der Interaktion mit anderen und Gott ein."

Aha, sehr viel schlauer fühlte ich mich nicht, als ich diese Einladung in der Seminarausschreibung las. Ein bisschen nebulös empfand ich diese Formulierung, aber doch auch irgendwie ansprechend.

„Dieser Kurs soll Sie dabei unterstützen,
- mich von Gott als geliebt wahrgenommen zu wissen;
- mich selbst anzunehmen, wie ich bin;
- den eigenen Bedürfnissen, automatisierten Lebensmustern und Grenzen auf die Spur zu kommen;
- Achtsamkeit einzuüben."[31]

Das klang schon mal ansprechender. Insbesondere die Punkte, sich von Gott geliebt zu wissen und Lebensmustern auf die Spur zu kommen, machten mich neugierig.

Da würde ich die Achtsamkeitsübungen halt in Kauf nehmen. Bilder von alten Frauen, die im Kreis sitzen und in eine Kerze starren, spukten mir dabei durch den Kopf. Wozu soll sowas gut sein? Und war das nicht etwas für Leute, die irgendwie nicht klar kommen in ihrem Leben? Und sich hinter Übungen versteckten, anstelle konkret ihre Probleme anzugehen und zu kämpfen? Und ist das überhaupt biblisch?

„Teilnahmevoraussetzungen:
• sich einlassen auf (vermutlich ungewohnte) Übungen in der Gruppe
• Offenheit für Bewegungsübungen
• Neugierde und Mut für neue Erfahrungen mit sich und anderen und Gott."

Wow, das ist genau meins, dachte ich. Darauf hatte ich Lust. Also meldete ich mich an. Und nun saß ich hier. Hatte mein Statement abgegeben und wusste noch immer nicht wirklich, was das nun sein sollte. Spirituelles Körperlernen.

Die Seminarleiterin war eine wunderbare, quirlige, unglaublich lebendige Frau, 78 Jahre alt. Ich war zutiefst berührt. Einer Frau zu begegnen, der ich ähnlich war und mit der ich mich direkt verbunden fühlte, hatte ich vorher noch nie erlebt.

Einer Frau, die immer wieder auch aneckte und mit Mitte 60 etwas Neues entwickelt hatte und immer noch Seminare gab.

Einer Frau, die rebellisch war, immer noch. Einer Frau, die Purzelbäume mitten im Raum aus lauter Lebenslust machte. Einer Frau, die mich begeisterte, anrührte und unendlich tief bewegte. Leib und Seele sind eine Einheit. Das war mir früher gar nicht bewusst. Meinen Körper habe ich eher ignoriert. Einen Körper zu haben, war für mich eher mit etwas Schlechtem verbunden. Der Körper war das Einfallstor für Versuchung, Sünde, Abkehr von Gott. Der Körper war fleischlich und von dieser Welt. Die ja per se böse war. Wir aber seien der Tempel des Herrn, so wurde mir beigebracht, ein Tempel, der rein sein sollte. Was auch immer das heißen mag, dachte ich in meinem Herzen. Auf jeden Fall hatte es nichts mit Lebensfreude oder Lebenslust zu tun.

Vielleicht war das mit einer der Gründe, warum ich meinen Körper und auch meine Seele eher vernachlässigte und das, was sie mir sagen wollten. Vielleicht hatte ich auch nur Angst, mich meinen Gefühlen zu stellen, die mir unangenehm waren. Zu viel körperliche Nähe ließ mich eher zurückzucken und ich brauchte immer wieder Abstand.

Dabei übersah ich völlig, dass ausgerechnet das Christentum die einzige Religion ist, wo Gott Mensch wurde und damit einen Körper bekam, mit all seinen Empfindungen, Berührungen, Schmerzen und Schönheiten. Einen Körper, der manchmal schon viel mehr weiß und ausdrücken kann, was mich im Innersten bewegt.

Was für eine Beziehung hast du zu deinem Körper? Nimm dir einen Moment Zeit. Es dauert auch nicht lange, versprochen.

- *Setze dich auf einen Stuhl und lasse deinen Oberkörper und deinen Kopf sinken und sage laut:*

„Juchuh, heute ist der schönste Tag in meinem Leben, nie war ich glücklicher. Hach, was geht es mir gut. Was für ein herrlicher Tag."

- *Und nun steh auf, richte dich auf, strecke die Arme in die Luft, breite sie aus und rufe:*

„Heute ist der furchtbarste Tag in meinem Leben, ich bin zutiefst unglücklich. Alles ist so schlecht auf dieser Welt!"

Na, ausprobiert? Vielleicht musstest du auch, wie ich, auf einmal lachen?

Ich glaube, du wirst sehr schnell bemerkt haben, dass deine Körperhaltung automatisch auch ein Gefühl produziert, das völlig unabhängig von dem ist, was du gerade sagst. Zumindest war das bei mir so. Als ich die Arme in die Luft streckte, konnte ich gar nicht traurig sein. Dir war es peinlich, das auszuprobieren? Oder du hattest keine Lust dazu? Schade, denn blöderweise kann man das nur nachvollziehen, wenn man es wirklich ausprobiert. Ansonsten klingt es absurd oder lächerlich. So ist es auch bei der spirituellen Körperarbeit. Wenn ich davon erzähle, kann kaum jemand nachvollziehen, warum es so viel in mir angerührt und in Bewegung gebracht hat. Wer es aber wirklich macht und im Körper spürt, kann es verstehen. Es erweitert meinen Raum und gibt mir die Möglichkeit, mich auf verschiedenen Ebenen wahrzunehmen. Das ist wunderschön und erschreckend zugleich.

Ich bin dankbar, dass ich dieser Seminarleiterin begegnet bin. Ihre Art und ihr spirituelles Körperlernen haben meine Beziehung zu Gott radikal geändert und mir den Mut geschenkt, mehr auf meinen Körper und meine Seele zu achten und fürsorglich damit umzugehen. Ganz zaghaft lernte ich, mich anzunehmen, wie ich bin, und beginne, mich selbst zu lieben mit all meinem Sein. Körperarbeit erweitert meinen Raum und meine Möglichkeiten.

Nähe zuzulassen bleibt für mich weiter ein Prozess. Ich werde nie vergessen, als in einer Übung eine Teilnehmerin meinen Kopf halten sollte, einfach nur halten, und ich Panik bekam. Ganz unverhofft. Ich konnte es gar nicht verstehen. Als ich, ebenso behutsam, den Kopf meiner Übungspartnerin gehalten hatte, war das eher angenehm gewesen. Aber jetzt hatte ich Angst und konnte mich nicht diesem Halten anvertrauen. Ich nahm mir die Erlaubnis abzubrechen. Nachzufühlen, was in mir vorging. Mich nicht dafür zu rechtfertigen, aber mich auch nicht fertigzumachen und zu verurteilen.

Später suchte ich mir eine Person, die ich sehr schätzte, und wagte es, dieses Experiment zu wiederholen. Es war noch schwierig, aber es wurde besser. Ich begann zu vertrauen. Heute bin ich sehr dankbar für diese und auch andere Erfahrungen und Wahrnehmungen, die ich mit der Körperarbeit gemacht habe.
Ich kann meine Gefühle liebevoller ansehen. Und mich Gott nahe fühlen. Nicht, indem ich zwanghaft Bibel lese, Gebetslisten abarbeite oder möglichst viele Predigen höre. Sondern einfach, indem ich mit einer Gebetsgeste jeden Morgen zum Ausdruck bringe, was ich für Gott empfinde. Einfach so.

Ich stehe aufrecht vor Gott.

**Ich öffne meine Hände und spreche
folgende Worte, wenn ich möchte:**

Ich öffne mich dir
mit aller meiner Zwiespältigkeit,
mit allem, was ich (fest-)halte,
mit allem, was ich in den Händen habe,
mit meinen beiden Seiten,
dem, was ich an mir gernhabe und
dem, was mir an mir nicht gefällt.

Ich bewege meine Hände zu meinem Kopf.

Ich halte mich dir hin
mit der Bitte, von mir zu nehmen,
was mich von dir trennt,
was mich hindert,
mich dir anzuvertrauen,
was mich hindert, dich zu sehen.

Ich hebe meine Hände weit geöffnet über meinen Kopf.

Ich bitte dich darum,
dass du mir schenkst,
was ich zum Leben brauche.
Danke, dass du mich liebst.

**Ich lege die Hände zusammen, lasse sie langsam sinken
über Kopf, Herz und Bauch.**

Das nehme ich in mich hinein,
in meinen Kopf/Verstand;
in mein Herz/Gefühl;
in meinen Bauch/Körpermitte.
Du füllst mich.

Ich lege die Hände aufeinander und verneige mich.

Ich verneige mich aus Ehrfurcht vor dir
im Vertrauen
und in Dankbarkeit.

Ganz klar, die Gedanken dazu sind nur Vorschläge. Ich darf diese
Gebetsgeste einfach fließend ausführen, ohne etwas zu denken
oder zu sagen. Oder etwas ganz anderes dabei denken. Allein die
bewusste Bewegung tut einfach gut. Meine Möglichkeiten, Gott
nahe zu sein, haben sich erweitert. Ich genieße das sehr.

- *Auf welche Art und Weise möchtest du Gott gerne nahe sein?*
- *Wofür brauchst du mehr Raum?*

Vielleicht hast du auch Lust auf ein kleines weiteres Experiment: Suche dir einen Platz in deinem Raum und nimm eine Körperhaltung ein, die im Moment zu deiner Stimmung passt. Das kann morgen schon wieder ganz anders aussehen. Probiere aus, was jetzt gerade passt und sich stimmig anfühlt, ohne zu bewerten. Du darfst korrigieren und ausprobieren. Gehe ein wenig in diesen Moment hinein und nimm einfach wahr, was du empfindest.

In meiner Beratung nutze ich oftmals die Möglichkeit, einfach einmal aufzustehen. Oder die Plätze zu tauschen. Schon dadurch verandert sich manchmal die Wahrnehmung. Probiere es gerne mal aus. Setze dich beim Frühstück an einen anderen Platz und nimm wahr, was du dabei empfindest.

Unser Körper ist auch eine Einheit von Kopf, Herz und Bauch. Das war mir früher gar nicht so bewusst. Körper war eben Körper. Er hatte einen Kopf, mit dem ich denken konnte. Und manchmal tat mir der Rücken weh.

Heute nutze ich dieses Wissen sehr gerne auch in meiner Beratung. Ich staune immer wieder darüber, was für einen Unterschied es macht, wenn ich Bauch, Herz und Kopf nacheinander befrage, was sie gerne zu einem Thema sagen möchten.

Klingt schräg? Ist es auch. Also ist es Zeit, es einmal auszuprobieren.

- *Nimm drei Karten und schreibe jeweils auf eine Karte die Begriffe Bauch, Herz, Kopf.*
- *Verteile diese Karten in deinem Raum.*
- *Überlege dir, was dich gerade beschäftigt und/oder wozu du eine Frage hast.*
- *Schreibe diese Frage auf.*

Okay? Los geht's.
- *Stelle dich zuerst auf die Karte „Bauch": Wie fühlt es sich an diesem Standort an? Welche Farbe stellst du dir dabei vor? Was sagt dein Bauch zu dem Thema oder deiner Frage?*
- *Dann stelle dich auf die Karte „Herz".*
- *Und anschließend auf die Karte „Kopf".*
- *Wiederhole die Fragen.*

Wenn du magst, schreibe dir anschließend auf:
- *Was war neu?*
- *Was habe ich dabei empfunden?*
- *Was gedacht?*
- *Wem (Bauch, Herz, Kopf) möchte ich mehr zuhören?*

Ziemlich ungewöhnlich, denkst du? Ja, stimmt. Und bei tiefer-gehenden Fragen empfehle ich, diese Übung mit einer Fachfrau oder einem Fachmann durchzuführen. Aber es ist immer mög-lich, sich einfach mal mit seinem Bauch, seinem Herzen und seinem Kopf zu unterhalten. Das ist spannend und ein Aben-teuer ohnehin.

Gott hat diesen, deinen Körper geschaffen. Jesus ist als Mensch geboren worden, in einem Körper und nicht als Geistgestalt. Ja, wir sind der Tempel Gottes. Und Jesus wohnt in uns. Unser Leib ist geschaffen, nicht damit wir ihn kasteien oder ablehnen, sondern ihn schätzen und auch genießen. Sollten wir da nicht sorgsamer und achtsamer auch mit unserem Körper umgehen? Und mehr wahrnehmen, was er uns sagen möchte, bevor wir vielleicht in einen Burn-out fallen?
Ich denke schon. In mittlerweile vielen Seminaren in Klöstern oder an Orten der Stille lerne ich weiter, spielerisch und körper-lich wahrzunehmen, welche Muster mich geprägt haben, was mir wichtig ist und wie mein Körper darauf reagiert. Das „So-Sein-Dürfen" wird gestärkt und das „Sich-Verändern-Dürfen" ermöglicht.

Erst wenn ich wahrnehme, was ist, und ausprobiere,
was noch möglich ist, habe ich eine Wahl.
Ellen Kubitza

Und jetzt ein kleiner Aufruf:
Schau dich einmal um nach Angeboten für die Körperarbeit,
Entspannungskursen u. a., suche im Internet, frage Freund:in-
nen. Und dann melde dich für einen Kurs, ein Schnupperan-
gebot an. Spüre nach, was zu dir passt. Du musst nicht alles
radikal durchziehen, sondern kannst es erst mal ausprobieren.
Oder buche einen Klosteraufenthalt, ein Seminar im Haus der
Stille der evangelischen Kirche. Ich wünsche dir ganz viel Neu-
gier und Entdeckerfreude dabei.
Viel Spaß bei der Suche –
gerne
jetzt.
Lass dich vom Atem Gottes berühren. Dafür gibt es ja auch
Pfingsten.

Ich erinnere mich noch gut an mein Pfingsterlebnis vor 20 Jahren. Denn ehrlich gesagt, mit Pfingsten konnte ich lange nichts
anfangen. Das mit dem Heiligen Geist war mir irgendwie
fremd, ja, auch ein bisschen suspekt, klang es doch für mich
eher nach diffusen Gefühlen. Und auf Gefühle kann man sich
doch nicht verlassen. Gerade dann nicht, wenn sie so schwan-
kend sein können wie bei mir, dachte ich.
Ich war da eher der „Kopftyp", dachte ich damals, und mein
Glaube war stark geprägt durch den Verstand. Glauben ist Wissen, kein Gefühl, so mein Credo. Der Heilige Geist blieb mir
weiterhin fremd und irgendwie auch unheimlich.

Charismatische Bewegungen wurden in meiner Kindheit eher mit Misstrauen gesehen. Also besser Abstand halten, so die Devise. Und Lobpreis? Den gab es vor 30 Jahren noch gar nicht, weder als Begriff noch als Ausdrucksform.

Es war, glaube ich, Anfang 2000, da war ich zum ersten Mail bei einer Worship-Night mit Lothar Kosse. Kaum zu fassen, die Lieder sprachen mich an. Und als dann auch noch das Lied kam „Ich weiß, dass mein Erlöser lebt", mein Konfirmationsspruch, berührte mich Gott zutiefst in meiner Seele. Da erhob ich plötzlich, wie von selbst, meine Hände hoch zum Himmel. Ich öffnete mich Jesus mit meinem Herzen, meinen Gefühlen und meinem Verstand. Ohne Angst. Ich, der „langjährige, skeptische, misstrauische, furchtsame Christ mit den verschränkten Armen", staunte sehr. Und Gott lachte und freute sich sehr.

Heute genieße ich ganz unterschiedliche Ausdrucksformen. Und ja, ich genieße auch das Abendmahl, wo ich mit allen Sinnen schmecken und sehen kann, wie freundlich Gott ist. Mein Glaube hat mein Herz erreicht, ist eine innige Beziehung zu Gott geworden. Und das macht mich sehr glücklich.

Irgendwie schon blöd, dass nach einer tollen bewegenden Seminarwoche, einem Kurs oder Wochenende immer auch wieder der Alltag kommt. Ein Alltag, in dem wir schnell vergesslich werden, weil wir zu beschäftigt sind, zu müde oder einfach meinen, funktionieren zu müssen. Keine Zeit haben für Fürsorge, auch unserem Körper gegenüber. Was mir hilft?

1. Regelmäßige Entspannung

Mittlerweile habe ich verschiedene Kurse, Entspannungstechniken, Körperarbeit etc. ausprobiert (dank VHS, Angeboten der Krankenkasse usw.) und habe nun einen Fundus, nein, eine Schatzkiste, aus der ich mich jederzeit bedienen kann. Progressive Muskelentspannung gehört dazu. Kontemplation. Bewegungsübungen.

Sprich, ich mache mir keine festen Termine, sondern suche mir aus, wozu ich gerade Lust habe und was mir guttut. Herrlich. Und ab und an bin ich auch einfach faul. Und manchmal gibt's einen Fitnesskurs, einen klitzekleinen.

2. Seminare

Zusätzlich buche ich ein- bis zweimal im Jahr Seminare, die mir guttun. Gesunde Stressbewältigung, Seminare im Haus der Stille, Kreatives Schreiben.

3. Tanzen/Bewegung

Vielleicht ist das auch etwas für dich. Suche dir Musik aus, die dir momentan guttut. Tanze deinen Lieblingsvers aus der Bibel. Bewege dich. Nimm Raum ein. Spüre nach, was dein Körper jetzt in diesem Moment braucht.

Mach es. Jetzt. Einfach so.

Suche dir weitere Möglichkeiten, die zu dir passen. Du hast die Wahl. Ich wünsche dir eine erfrischende und wohltuende Entdeckungsreise.

Zutaten für den Alltag

Schreibe über den Rand
Probiere dich aus
Erweitere deine Grenzen
Frag dein Herz
Deinen Kopf
Deinen Bauch
Sei nicht furchtsam
Noch einen Schuss Vertrauen
Eine Prise Sonnenglitzer
Und dann
Geh los

KAPITEL 8: RAUM FÜR ERMUTIGUNG
Mutmacher für leidenschaftliche Christ:innen

Er war impulsiv. Er war leidenschaftlich. Er war begeistert. Begeistert auch von und für Jesus. Was für ein Mann. Welche Kraft, welche Liebe, welche Macht er hatte, Jesus, der gerade 5.000 Menschen satt gemacht hatte, mit nur einem Brot und fünf Fischen. Klasse. Mit so einem wollte er unbedingt zusammen sein. Teil seiner Geschichte werden. Sich mit ihm und für ihn engagieren, einsetzen für die „gute Botschaft": Jesus, der heilen, der etwas bewegen kann, der Menschen versorgt und sie liebt, so, wie sie sind.

Nun ist es Abend geworden, er steigt in sein Boot mit seinen Freunden. Jesus wollte später nachkommen. Okay, kein Problem, denkt der Mann. Er ist die Strecke schon tausendmal mit seinem Boot gefahren. Schließlich ist er Experte, ein erfahrener Fischer. Sturm kommt auf. Das Schiff schaukelt bedenklich, immer mehr, immer heftiger. Mittlerweile fühlt er sich ganz unsicher. Ein schwankender Boden unter seinen Füßen. Angst steigt in ihm auf: Angst, es diesmal nicht zu schaffen. Nicht mehr sicher ans andere Ufer zu kommen. Und plötzlich, mitten im Sturm, sieht er etwas. „Ein Gespenst", schreien seine Freunde. Die Person ist nicht richtig zu erkennen. Verschwommen irgendwie und ja, auch ein wenig unheimlich. Seine Freunde und er zittern vor Furcht. Bis der Nebel sich lichtet. Da erkennt er ihn endlich: Es ist Jesus und er läuft auf dem Wasser.

Wow, denkt er. Das will ich auch. „Kann ich auf dem Wasser zu dir kommen?", fragt er. „Ja", sagt Jesus, „komm". Seine Freunde staunen, sagen kein Wort, schauen ihm nach, wie er aus dem Boot steigt, trotz der Wellen, und tatsächlich auf dem Wasser geht. Was für ein Gefühl, was für eine Erfahrung. Er wagt etwas. Er macht etwas. Er bewegt etwas. Er kommt vorwärts. Er ist begeistert. Und im Flow. Dann sieht er sie, eine große Welle, die auf ihn zu kommt. Immer näher, immer bedrohlicher. Panik überfällt ihn, er sinkt und geht unter. Er hat Angst. Und er ist enttäuscht, enttäuscht von sich selbst. Wieder mal versagt. Wieder mal nicht geschafft. Wieder mal viel zu impulsiv. Wieder mal verliere ich Jesus aus dem Blick, denkt er.

Ganz ehrlich, enttäuscht ist er auch von den anderen, seinen Freunden. Hätten die nicht mit ihm kommen oder wenigstens hinter ihm herfahren können, um ihn zu begleiten und zu ermutigen? Nein, haben sie nicht, er ist allein, er fühlt sich verlassen, zutiefst enttäuscht von sich und den anderen. Und sinkt weiter. Dann spürt er plötzlich eine Hand. Jesus' so wohltuende Hand. Die ihn ergreift, aus dem Wasser zieht, wieder aufrichtet. Jesus hatte ihn die ganze Zeit immer im Blick. Liebevoll. Er findet wieder Halt. Halt unter seinen Füßen. Einen festen Standpunkt. Gemeinsam gehen sie zu den anderen und steigen ins Boot. Der Wind beruhigt sich. Es ist still. Wohltuend still.

Er atmet auf, er atmet durch und fühlt sich geborgen, nahe bei Jesus, so, wie er ist. Sein Name ist Petrus (die Geschichte kannst du nachlesen in Matthäus 14,13-33).

- *Wie geht es dir mit dieser Geschichte?*
- *Was denkst du über Petrus?*
- *Was ist deine Enttäuschung?*

Vielleicht machst du dich auch gerade klein. Andere Christ:innen haben eine viel lebendigere, liebevollere und dynamische Beziehung mit Gott, denkst du vielleicht. Sie vertrauen mehr. Sie glauben mehr. Beten mehr. Erleben mehr. Haben Erfolg. Und ich? Ich fürchte mich, ich zweifele, ich habe viele Fragen. Ich bin frustriert und erschöpft. Ich schaffe nicht alles, was ich mir vorgenommen haben. Und ja, eigentlich mag ich mich gerade selbst nicht. Gott ist mir gerade so fern, wahrscheinlich ist er enttäuscht von mir.

Gott lächelt dich an. Okay, vielleicht siehst und spürst du das gerade nicht. Aber er tut es trotzdem. Er nimmt dich an seine Hand und flüstert dir zu: „Ich habe dich mit all deiner Leidenschaft, deinem So-Sein, deinen Fragen und deiner Sehnsucht geschaffen. Andere kämen gar nicht auf die Idee, aus dem Boot zu steigen. Oder mehr zu wollen. Aber du, du traust dich immer wieder. Und ja, dabei kann auch etwas schiefgehen. Oder etwas nicht gelingen. Und manchmal wirst du auch enttäuscht sein, über dich, über Freund:innen, über mich. Aber ich bin da. Ich liebe dich.

Ruh dich aus. Setz dich zu mir an den Küchentisch, lass dich umarmen. Was möchtest du trinken? Einen Tee, einen Kaffee einen Champagner? Alles ist da. Ich freue mich über dich."

- *Angenommen, du würdest mehr erleben, dass Gott sich über dich freut und dich liebt. Was würde das in deinem Leben ändern?*
- *Woran würdest du es als Erstes erkennen, woran die anderen?*
- *Wo und wann empfindest du Gottes Liebe am intensivsten?*

_____

_____

_____

_____

_____

_____

Das habe ich noch nie vorher probiert, also bin ich sicher, dass ich es schaffe.
Pippi Langstrumpf

Als leidenschaftlicher Mensch liebe ich es, neue Ideen zu entwickeln, etwas auszuprobieren, groß zu träumen, mich begeistern zu lassen oder andere zu begeistern. Als leidenschaftlicher Mensch neige ich gleichzeitig dazu, enttäuscht und frustriert zu sein, wenn andere nicht direkt mitziehen, etwas nicht gelingt oder Ideen viel mehr Zeit brauchen, als ich gedacht habe.

Bedenkenträger:innen haben eine andere Meinung oder weisen mich auf Fehler hin. Dann komme ich schnell zu dem Punkt, an dem ich mich schmollend in die Ecke zurückziehen möchte, nach dem Motto: Es hat eh keinen Zweck, irgendetwas auszuprobieren. Das klappt sowieso nicht. Das Pippi-Zitat hilft mir dann dabei, etwas zu probieren und nicht zu verzweifeln, wenn etwas nicht gelingt.

Pippi Langstrumpf war ein Idol meiner Kindheit. Und damit bin ich sicherlich nicht allein. Pippi Langstrumpf war mein erstes Buch, das ich gelesen habe und das meine Leselust anfachte. Obwohl ich Legasthenikerin war, schlecht vorlesen konnte und die Rechtschreibung damals nur mühsam beherrschte, wurde ich eine begeisterte Leserin, verschlang ein Buch nach dem anderen. Und wenn mir das Ende nicht gefiel, kein Problem, schrieb ich eben ein neues.

Als Neunjährige war ich allerdings sehr schüchtern. Hatte kein Pferd (im Gegenteil, die machten mir Angst), keinen Affen (selbst Hamster konnte ich nicht richtig anfassen, echt eine tolle Pippi war ich) ...

Fehler machen dürfen, über sich lachen, neugierig und kreativ sein, Sachen suchen, einen Limonadenbaum pflanzen, eine Schatzkiste finden, Freund:innen haben, all das fehlte mir. Aber da gab es auch ein Bild von Pippi in einem ihrer Bücher, da sitzt sie allein vor einer Kerze, sieht ziemlich einsam aus, das und die Tatsache, dass sie nie erwachsen werden wollte, hat mich schon als Kind berührt. Schade fand ich das.

Ich glaube, es ist an der Zeit, erwachsen zu werden und gleichzeitig sein inneres Kind an die Hand zu nehmen, Raum zu geben, ihm zuzuhören, um gemeinsam wieder auf Schatzsuche zu gehen. Neugier und Staunen zuzulassen. Vertrauen zu wagen. Dazu möchte ich dich sehr gerne ermutigen.

Gib auf!

Moment! Aufgeben? Ja, du hast richtig gelesen. Aber was hat Aufgeben mit Ermutigung zu tun?, denkst du vielleicht. Ich habe lange so gedacht. Aufgeben heißt Resignation. Aufgeben ist schwach. Aufgeben ist keine Option.

Aufgeben?!

Ja, ich gestehe, auch ich habe aufgegeben. Und bin nach 30 Jahren aus der Mitgliedschaft in meiner Gemeinde ausgetreten. Nicht aus Streit. Ganz friedlich sogar. Mit Trauer im Herzen. Aber nach einer so langen Zeit habe ich gemerkt, ich drehe mich im Kreis und kann nur wenig bei meinen Herzensthemen mitgestalten. Es entsteht nichts Neues mehr. Ich sehne mich nach einer Gemeinschaft, wo Menschen, unabhängig von ihrem Geschlecht oder ihrer sexuellen Orientierung ihren Platz haben. Wo unterschiedliche Meinungen nebeneinanderstehen dürfen und keiner das Wächteramt übernimmt, um darüber zu entscheiden, was ein „wahrer, richtiger" Christ ist. Gerade jetzt, wo ich nach so langer Zeit Gott als liebenden Vater erlebe und weiß: Ich bin seine geliebte Tochter, er freut sich total über mich.

Mein Traum: Gemeinsam mit anderen unterwegs zu sein. Etwas wagen, Visionen nachspüren. Veränderungen bewirken. Offen zu sein für Überraschungen von Gott, die wir gar nicht im Blick haben.

Dafür brennt mein Herz. Dafür möchte ich mich einsetzen. Und dafür brauche ich mehr Freiraum. Und deshalb starte ich: jetzt. Aufgeben ist definitiv eine Option. Noch habe ich keine neue Gemeinde. Es gibt jetzt Leerstellen in meinem Leben, die nicht gefüllt sind. Mein Herz trauert. Das gehört wohl dazu.

Aufgeben.
- *Was hast du schon aufgegeben?*
- *Was möchtest du bewahren?*
- *Was mit anderen zusammen wagen?*

Ich gestehe: Manchmal ertappe ich mich immer noch dabei, dass ich mir vorstelle, alles zu entlarven, in die Welt zu ziehen, eine große Kampagne zu starten, heile Fassaden niederzureißen, geistlichen Missbrauch aufzudecken. Teil einer großen Bewegung zu sein, die endlich was verändert. Dann bin ich enttäuscht, dass ich noch nicht mehr bewegt habe.

Lange Zeit habe ich eher negativ auf mein Leben zurückgeschaut. Was ist aus meiner Sehnsucht, meiner Abenteuerlust geworden? Was aus meiner Neugier, meinen Ideen? Meiner Leidenschaft. Meiner Vorstellung von Glück. Meinen Visionen, Plänen. Meinem Abwarten. Meinem Kämpfen. Meinen Krisen. Meinem Leben?

Als ich zurückschaute, erinnerte ich mich zuerst nur an Krisen. Krisen, Krisen, Krisen und noch eine Krise. Ich bin Krise. Ohne

Krisen hätte ich bestimmt mehr erreicht, dachte ich heimlich. Im ersten Moment war ich enttäuscht, als ich auf mein Leben zurückblickte.

Und dann fing ich an zu schreiben. Und hörte gar nicht mehr auf. Ich sah mir fürsorglich die unterschiedlichen Themen in meinem Leben an. In aller Ruhe, mit viel Freundlichkeit, manchmal auch Ängsten. Mit Ausdauer, Beharrlichkeit und Ermutigung.

Ich fing an zu schreiben und schrieb dieses Buch. Für mich. Für dich. Und für meine Vision, andere zu ermutigen, sich auch auf diese Auseinandersetzung mit ihrem Leben einzulassen. Und zu erleben: Das Leben ist so viel mehr.

Mir wurde bewusst, dass es für vieles gute Gründe gegeben hat, warum ich so und nicht anders gehandelt oder über mich gedacht habe.

• Es gab gute Gründe für meine Panikattacken und Zwänge.
• Es gab gute Gründe für meine Begeisterung und meine
  Sehnsucht.
• Es gab gute Gründe.

Und ich begann, Frieden zu schließen. Frieden mit mir und meiner Geschichte. Mit meinen Krisen, die immer mal wiederkommen. Mit meinem Temperament. Ich schloss Frieden damit, dass das Leben nicht perfekt ist und auch nicht sein muss. Dass Verletzungen da sind, die versorgt werden dürfen. Und auch ein Stück weit bleiben. Ich schloss Frieden und sah: Da war noch so viel mehr als Krisen. Ich bin nicht nur Krise. Nicht nur Gefühl. Nicht nur Denken. Ich bin Elke.

Ich nahm das Kind in mir in den Arm. Das Kind auf der Schaukel, mit seiner Sehnsucht nach Weite und fernen Länder. Die Jugendliche mit ihrem Engagement für Gerechtigkeit und dem Wunsch, die Welt zu verändern. Die Studentin und Leiterin, die ihre Gaben entdeckte. Die Verunsicherte und Ängstliche, die sich manchmal in Beziehungen aufzugeben schien.

Die erwachsene Frau mit ihrem Kampf für Gott, für andere, für mehr Ausgleich. Die Mutter und Ehefrau mit allen ihren Bildern im Kopf, die das Leben manchmal so eng machten. Meinen Schmerz, nicht immer so gefördert worden zu sein, wie ich es mir gewünscht hätte. Meine Reisen in ferne Länder. Wüstenerfahrungen. Oasen. Weite. Lebendigkeit. Meine Ausbildung. Meine Freundschaften. Dieses Projekt.

Ich war niemals allein. Gott ist und war mit mir. Ich schloss Frieden. Und lebte darin auch meine Berufung. Trotz oder vielleicht auch wegen der Krisen. Da, wo man mich zurechtstutzen wollte, kamen Zweige und Früchte, die in den Himmel wuchsen, sich ausbreiteten, der Sonne entgegen, Schatten spendeten, einen kraftvollen Ruheort bieten. Ich schloss Frieden und begann, wertschätzend auf mein Leben zu sehen. Das veränderte alles. Ich fing an, mich selbst zu lieben. Und Gott freute sich.

- *Was würde sich ändern, wenn du liebevoll und wertschätzend auf dein Leben schauen würdest?*
- *Was heißt für dich Frieden schließen?*

Heute mache ich manches anders. Früher dachte ich immer, um mir treu zu bleiben, kann ich nur auf eine bestimmte Art und Weise reagieren, ansonsten verrate ich mich selbst.

Heute ist mir bewusst: Ich habe immer die Wahl und darf mich entscheiden, wie ich reagieren möchte. Auch wenn mir das nicht immer gelingt. Es ist in Ordnung.

Ich muss nicht immer anecken oder kämpfen und habe trotzdem ein Profil. Ich bin nicht immer gezwungen, die Welt zu retten oder vorne die Fahne hochzuhalten. Ich kann es auch sein lassen. Aber ich kann es dann machen, wenn ich es möchte und es eben dran ist.

Ich lasse mich nicht mehr zurechtstutzen, sondern habe gelernt, mich zu entfalten. Dafür braucht es Zeit – Zeit, das zu entdecken, was in einem steckt und ins Leben gelockt werden möchte.

Zeit, frei zu entscheiden, was jetzt dran ist.
Zeit zum Ausruhen.
Zeit für Entwicklungen.
Zeit für Heilung.

Vielleicht bin ich im Laufe der Zeit ein wenig ausgeglichener geworden, aber fügsam wurde ich nie. Ich komme klar mit dem, was das Leben mir zumutet, was Gott mir zumutet. Gott ist da. Der große Ermutiger des Lebens ist bei mir. Er behütet mich. Er wacht über mich. Er freut sich über mich. Er freut sich über dich. Er fördert. Er ist da. Und nichts und niemand kann ihn daran hindern, dich und mich weiter zu ermutigen, uns zu entfalten, aufzuatmen, Raum einzunehmen, auszuruhen und Frieden zu schließen.

Was hast du dich in deinem Leben schon getraut?
Sei spontan, schreibe mindestens 20 Dinge auf. Was, du hast
keine 20? Dann frage doch eine Freundin oder einen Freund
und lass dich überraschen!

1.	11.
2.	12.
3.	13.
4.	14.
5.	15.
6.	16.
7.	17.
8.	18.
9.	19.
10.	20.

Verwundete Heiler:innen. Bei einer Lesung mit Ulrich Schaffer, einem Lyriker, den ich sehr mag, ging es um dieses Thema. „Die Schwere, das Gewicht deiner Seele ist ein Geschenk für die Welt", und: „Deine Wunden erlauben mir meine Wunden", notierte ich mir.

Wow, was für Sätze. Was für eine Erkenntnis, dachte ich. Wir sind unendlich wertvoll und wichtig. Die Welt braucht uns, so, wie wir sind, mit all unseren Wunden und Verletzungen. Die Welt braucht dich, so, wie du bist.

Zeige dich. Sei mutig. Du bist ein Geschenk.

Sommerangebot:

Zusätzlich 25 % auf Alles

Zusätzlich 25 %
Mehr Gelassenheit
Weniger Sorgen
Eine kleine Auszeit
Mehr Anerkennung
Dir gegenüber
Und Halt
Mehr Mut
Ein Innehalten
Ein Lächeln
Auch über dich selbst
Vorfreude
Zusätzlich 25 %
Einfach so
geschenkt

KAPITEL 9: RAUM FÜR DICH
Von Schutz- und Freiräumen

„Sie sind eine ängstliche Beraterin", sagte mir der Oberarzt in der Tagesklinik, als ich ihm das erste Mal gegenübersaß. „Sie sind eine ängstliche Beraterin."

Auf gar keinen Fall! Ich fühlte mich provoziert und herausgefordert. Immerhin hatte ich mich meinem Worst-Case-Szenarium gestellt. Mein ganzes Leben hatte ich davor Angst gehabt, einmal in eine Klinik zu kommen, dort ruhiggestellt zu werden und nie, also wirklich nie mehr rauszukommen. So meine Vorstellung, so mein Klischee. So meine Angst. Jetzt hatte ich mich sogar selbst eingeliefert, oder viel mehr ausgeliefert, wie ich empfand. Wenn das mal nicht mutig war!

Doch ich hatte keine Energie mehr zum Kämpfen. Ich fühlte mich erbärmlich. Wollte gesund werden, gerne angstfrei. Und nun das. Ängstliche Beraterin, das kann nur ein Widerspruch sein, dachte ich. Okay, eine Beraterin, die ihre Ängste überwunden hat: gebongt. Eine Beraterin, die Krisen durchgestanden hat: wunderbar. Eine mutige Beraterin, die sich ihren Ängsten stellt: auch gut. Aber eine Beraterin, die weiterhin ängstlich ist? Das passt nicht in einen Satz, dachte ich. Es gibt nur das Entweder – Oder. Da tauchte er wieder auf. Einer meiner Glaubenssätze: Entweder – Oder.

- Entweder du bist schwach oder stark.
- Entweder du lebst in deinem Element und fühlst dich gut dabei – oder eben nicht.

- Entweder du eroberst dir deinen Freiraum, rebellierst – oder passt dich an.
- Entweder bist du mutig oder ängstlich.
- Entweder schaffst du es – oder eben nicht.
- Entweder arbeitest du an dir – oder gibst dich auf.
- Entweder hast du ein leichtes Leben – oder ein schweres.
- Entweder ein kraftvolles oder ein armes Leben.
- Entweder du bist ängstlich oder ermutigst andere.
- Entweder stark oder schwach.
- Entweder – Oder.

Ganz nebenbei definierte ich auch, scheinbar selbstverständlich, was schwach oder stark ist. Schwach war für mich: nicht durchzuhalten. Aufzugeben. Ängste zu haben. Negative Gefühle zuzulassen. Sich überfordert zu fühlen.

Entweder schwach oder stark. Punkt. Etwas dazwischen gibt es nicht. Genau so muss ein freies Leben aussehen: stark, immer rebellisch, voller Engagement, Visionen, Berufung, Kraft, Flow und Selbstwert.

Erinnerst du dich noch an die Wildblume vom Anfang? Genau das dachte sie, als sie endlich begann, ihr Leben zu entdecken, zu entfalten und zu gestalten. Ihre Berufung zu leben, sich weiterzuentwickeln. Und sie war stolz auf sich.

Mit Recht. Sie hatte viel gewagt. Nun war sie angekommen. Das Zurechtgestutzte hatte sie behutsam (meistens zumindest …) angesehen und sich versorgen lassen. Endlich Freiraum, um sich zu entfalten und ihr Leben aktiv zu gestalten. Mit Leichtigkeit, mit Mut, mit Vorfreude in die Weite zu gehen. Endlich ging es los. Sie war aktiv, stärkte und ermutigte andere. Freute sich über Abenteuer. Und blieb neugierig. Und das war auch gut so. Was sie vergaß: Auch Wildblumen mit Baumkräften brauchen einen Ort zum Auftanken. Einen Ort, an dem sie sich erholen können. Einen Ort, an dem sie einfach mal sein dürfen, wie sie auch noch sind. Einen Ort, um müde zu sein. Einen Ort, um Enttäuschung und Frust zuzulassen, einen Ort, um schwach zu sein, einen Ort, um in den Arm genommen zu werden, einen Ort, um beschenkt zu werden. Einen Ort, an dem auch Ängste und Zweifel sein dürfen. Einen Ort für Versöhnung. Einen Ort fürs Verzeihen, auch sich selbst.

Einen Schutzraum. In dem ich versorgt werde und fürsorglich mit mir selbst umgehe. Einen Schutzraum mit einem Boden, der mich trägt. Einen Schutzraum, wo ich Gott ganz nahe bin und mich von ihm umfassend geliebt weiß.

Einen Schutzraum, den ich mitgestalten und einrichten darf.

- *Schließe jetzt deine Augen und denke an einen Schutzraum, der dir guttut.*
- *Wie sieht dein Schutzraum aus?*

Wenn ich die Augen schließe, sehe ich als Erstes ein Zelt in der Wüste, einen Sternenhimmel, der unendlich kostbar mir zulächelt, ein Lagerfeuer, an dem ich mit anderen Menschen zusammensitze, erzähle, oder einfach nur schweige. Kamele, die freundlich vor sich hin blubbern, einen kuscheligen Schlafsack, in dem im mich rundum geborgen weiß, einen Kaffee am frühen Morgen. Meinen fürsorglichen Reiseführer, der sich um mich kümmert, Wind auf meiner Haut. Verbundenheit. Beschützt. (M)ein Schutzraum hat ganz unterschiedliche Facetten und darf jederzeit erweitert werden.

Ein paar weitere Aspekte, die mir an meinem Schutzraum wichtig sind:

1. Zeit für Entwicklungen
Nicht alles geschieht an einem Tag. Wie die Jahreszeiten haben auch Wachstums- und Entfaltungszeiten ihre Prozesse: Frühling, Sommer, Herbst und Winter. Jede Jahreszeit hat ihren Wert, ihre Stärke, ihre Würde. Und auch als ich mich selbst zurechtgestutzt habe oder mich beschneiden ließ, hatte ich Würde und Wert. Es war nicht sinnlos. Ich wurde der Mensch, der ich bin. Und über den ich mich freue.

2. Zeit für mich
Ich nehme mir Zeit, Hobbys wieder zu entdecken, an Seminaren teilzunehmen, kreativ zu schreiben, Neues auszuprobieren, ohne Erfolgsdruck.

3. Gefühle dürfen sein, auch scheinbar unangenehme.
Ich kann mich noch an Zeiten erinnern, als andere und ich mir selbst vorschrieben, was ich in der jeweiligen Situation angemessen zu empfinden habe.

Der Hochzeitstag – der schönste Tag im Leben!? Mitnichten. Ehrlich gesagt, ich fand ihn stressig. Ich war total verunsichert und dachte immer wieder, wenn du richtig liebst, darfst du keinen Zweifel empfinden. Also strahlte ich. Eine Braut hat nun mal glücklich zu sein. Ich passte wieder in keins der vielen Bilder, die ich mir auch von mir selbst gemacht hatte. Heute schreibe ich mir weniger vor, was ich zu empfinden habe und was nicht. Glückliche und schönste Tage gibt es dennoch, immer wieder. Eine Fehlgeburt in der 9. Woche mit dem Hinweis: „Nun stellen Sie sich mal nicht so an, das war ja noch kein richtiges Kind, das Herz hat nie geschlagen." Trauer, nicht erwünscht. Nicht gestattet. Also verdrängte ich sie.

Jeden Morgen scheinbar das Gleiche, ich träume viel, meistens davon, dass ich irgendetwas nicht finde oder schaffe. Morgens bin ich fast immer frustriert und ängstlich. Ja, ich spreche von heute. Nicht von gestern. Offensichtlich gehört es zu mir dazu. Auch das darf sein.

Endlich habe ich meine Berufung gefunden. Jetzt endlich müsste ich doch glücklich sein und mich vollkommen ausgefüllt fühlen. Bin ich aber nicht. Manches fehlt. Immer noch.

4. Sehnsucht

Die habe ich weiterhin, nach mehr Leichtigkeit. Nach dem Gefühl, ganz in mir zu ruhen. Manchmal erlebe ich das wirklich. Aber eben nicht immer und konstant. Das vermisse ich. Aber ich weiß, in meinem Schutzraum darf auch dies sein. Mein Kern davon ist unberührt, ich bin ganz, auch wenn mir etwas fehlt.

5. Geschenke

In meinem Schutzraum habe ich weniger Furcht, Geschenke anzunehmen. Lange Zeit fiel mir das sehr schwer, da ich dachte:
Dann machst du dich abhängig von einer Person. Es erschien
mir sicherer, alles selbst zu planen und zu machen, anstatt abzu-
warten, dass mir jemand etwas einfach so schenkt.

6. Zeiten der Stille

Jedes Wochenende hatte ich verplant. Jetzt mache ich weniger
Termine und ich erlebe Überraschungen, spontane Besuche, mit
denen ich nicht gerechnet habe. Zeiten der Stille, die mir guttun,
obwohl ich Angst davor hatte und manchmal noch habe.

7. Ich bin nicht allein

Mein Schlafsack ist da, der mich wärmt. Gott, der mich versorgt.
Ein Zelt, dass mich beschützt. Menschen, denen ich mich anvertrauen darf und die mich ermutigen, unterstützen und einfach
dabei sind.

8. Wunden und Trauer

Trauer gibt es noch immer in meinem Leben. In meinem Schutzraum gebe ich ihr Raum. Trauer um die Personen, die mir feh-
len. Trauer über fehlende Zuwendung und Förderung, die ich
mir gewünscht hätte.

In meinem Schutzraum gewinne ich die Kraft, mich auch mit
diesen und anderen Wunden zu zeigen, oder wie eine Kundin
schrieb: „Danke für dein ‚Eine-von-uns'-Sein, dein ehrliches Erzählen, dass auch du Hilfe brauchst und was dir hilft!" Eine von
uns. Da war sie wieder, die ängstliche Beraterin, und mein Ent-
schluss, meine Wunden zu zeigen. Nicht diejenige zu sein, die

allen vorspielt: Hey, ich habe es geschafft. Wende die und diese Methode an und alles wird gut.

Das will ich nicht. Mir ist es wichtig, auch nach außen zu zeigen, dass es Brüche und Wunden im Leben gibt, die zwar heilen, aber auch weiterhin wehtun. Dass eben nicht alles perfekt ist. Und dass genau das mich zu einer guten, authentischen und ermutigenden Beraterin macht.

9. Lachen

In meinem Schutzraum darf ich auch das Lachen üben. Das Lachen über mich selbst. Mein Chaos im Zelt und die ständige Suche nach meiner Zahnbürste und Socken dort am frühen Morgen, obwohl ich dachte, ich hätte alles gut vorbereitet. Und das Glück, dass mein Mann mit mir lacht, mir beim Sortieren hilft und tatsächlich immer wieder die Reisetasche zubekommt.

10. Entspannung

Kontemplation, progressive Muskelentspannung und andere Entspannungsarten gehören in meinen Schutzraum. Hier darf ich Neues ausprobieren, ohne Angst, „vom Glauben abzufallen". Eine Schatzkiste füllen mit dem, was mir guttut.

11. Den Tag genießen

Kennst du den Pixarfilm „Soul"? Dieser Film hat mich nachhaltig beeindruckt. Ein begeisterter Jazzpianist ist auf der Suche nach dem Funken, seiner Berufung in seinem Leben. Und tatsächlich bekommt er nach diversen Schwierigkeiten und Herausforderungen den Auftritt, den er sich schon immer gewünscht hat. Normalerweise endet hier ein Film. Aber dieser geht weiter. Der Jazzpianist geht nach Hause und merkt, dass er sich gar nicht so glücklich und erfüllt fühlt, wie er erwartet hat. Im Laufe des Filmes lernt er, mehr im Augenblick zu leben. Das zu sehen, was sein Leben so schön macht. Dinge, die scheinbar nebensächlich und unscheinbar sind, wie ein Blütensame, ein Gespräch, der Genuss einer Pizza. Freundschaften.

• *Denke an deinen Schutzraum. Was sollte unbedingt dazugehören?*

Falls du kein Fan von Tabellen ausfüllen bist, macht nichts. Vielleicht hast du mehr Lust, jetzt Bilder aus Zeitschriften etc. auszuschneiden und sie zu einer tollen Collage zu gestalten. Oder ein Symbol für deinen Schutzraum zu finden. Finde deine Form, dich auszudrücken. Dein Schutzraum ist dein Geschenk von Gott und er ist mittendrin.

Hach, herrlich, endlich das Thema Freiräume. Endlich Power. Endlich Kraft. Endlich was Leichtes. Endlich Bewegung.
Ich gebe es zu, das waren meine ersten Gedanken, als ich mit diesem Abschnitt begann.

Denn ich liebe es. Ich liebe es so sehr, Menschen zu ermutigen, ihre Träume wertzuschätzen, zu entdecken, zu entfalten und zu gestalten. Sich Raum und Zeit für sich selbst zu nehmen. In ihrem Element zu leben. Das zu tun, was Großartiges und Einmaliges in jeder und jedem Einzelnen von uns steckt und was Gott in dich reingelegt hat. Was herausgelockt werden darf. Ins Leben gerufen werden darf.

Das sind Freiräume: wo du Neues ausprobieren darfst. Freiräume der Aktivität und des Flows. Freiräume, den Rahmen zu sprengen und so neue Räume zu schaffen. Räume des Ausprobierens. Räume der Kraft und der Leichtigkeit. Räume, wo Glücklichsein keine Zeitverschwendung ist. Mit Gott an meiner Seite. Räume für Abenteuer.

Was für ein Glück, nicht mehr meinen Zwangsgedanken ausgeliefert zu sein. Klar kommen alte Gedanken immer mal wieder hoch. Aber das ist okay, sie dürfen sein. Und gehen wieder vorüber. Das gibt mir so viel Freiraum, mich auch über Kleinigkeiten zu freuen. Ich sehe wieder Bäume, die blühen, Kornblumen, die mir zuwinken. Ich nehme mir Zeit und den Raum spazieren zu gehen, dann wenn ich dazu Lust habe, und nicht, weil es auf meinem Plan steht.

Ich stopfe mein Wochenende nicht mehr so voll mit Terminen, sondern lasse mich auch mal überraschen. Ich stehe nicht mehr so unter dem Druck, permanent etwas Sinnvolles machen zu müssen. Ich gönne mir die Freiheit, Neues auszuprobieren, momentan genieße ich meine Fortbildung zur Biografiearbeit.

Ich bin zuversichtlich geworden, dass Schönes auf mich wartet, ohne dass ich es bis ins Detail planen muss. Ich muss nicht mehr jeden Berg erklimmen und darf auch mal den Sessellift nehmen.

Und irgendwann werde ich wieder reisen. Die Polarlichter sehen. Die Wüste durchstreifen. Und genießen, was gerade ist. Ich möchte mehr Seminare geben, auch noch mit 80 Menschen begleiten, ermutigen, mit ihnen unterwegs sein.

Was möchtest du?

Vielleicht hast du in diesem Zusammenhang Lust, einmal darüber nachzudenken:

- *Wer ist eine Ressourcenperson in deinem Leben?*
- *Wer hat dir gutgetan?*
- *Wer hat dich mit liebevollen Augen angesehen?*
- *Wer hat Eindruck bei dir hinterlassen?*

Schließe einen Moment deine Augen.
Wen siehst du als Erstes? Jetzt, in diesem Moment?
Schreibe den Namen dieser Person auf. Benenne das, was dir besonders gutgetan hat. Was sind die Eigenschaften dieser Person, die dich am meisten berührt haben?

Und wenn du möchtest, schreib ein „Elfchen" an diese Person.
Ein Elfchen ist eine Gedichtform und besteht (daher auch der
Name) aus elf Wörtern in fünf Zeilen:

Zeile 1: ein Wort
Zeile 2: zwei Wörter
Zeile 3: drei Wörter
Zeile 4: vier Wörter
Zeile 5: ein Wort

Bei dieser Übung fiel mir erstaunlicherweise meine Deutschlehrerin ein, an die ich schon lange nicht mehr gedacht hatte.

Ich war Legasthenikerin, noch in der neunten Klasse konnte ich schlecht vorlesen. In Rechtschreibung hatte ich grundsätzlich eine Sechs. Außerdem war ich sehr schüchtern und wenig selbstbewusst, wenn es um meine Texte ging. Die Schönheit und Kreativität meiner Aufsätze verschwanden hinter all den vielen rot angestrichenen Fehlern. Das störte meine Deutschlehrerin sehr. Offensichtlich sah sie in mir mehr als die vielen Fehler, die ich schrieb. Sie bestärkte, ermutigte mich und übte mit mir ganz alleine, so dass meine Rechtschreibfehler weniger wurden und die Texte wieder zum Vorschein kamen. Ihr habe ich meine Schreib- und weitere Leselust zu verdanken. Auch wenn meine Rechtschreibung immer noch nicht sehr sicher ist ...

Mein Elfchen an sie lautet:
Liebevoll
Gefördert mit
Fehlern an mich
Geglaubt meine wunderbare junge
Lehrerin

Und wenn ich darüber nachdenke, hatte meine Lehrerin für mich all die Eigenschaften, die ich heute besonders schätze, auch in dem, was ich tue: in anderen die Schönheit hinter all den Verletzungen oder grauem Alltag zu sehen und hervorzulocken. An jemanden zu glauben. Und mit Fehlern leben zu lernen. Wie möchtest du sein?

Ich brauche beides in meinem Leben. Einen Schutzraum und einen Freiraum. Und eine gute Balance dazwischen. Luft zum Atmen und zum Fliegen. Freiräume zum Ausprobieren, Entdecken und Entfalten. Schutzräume zum Ausruhen und Sein-Dürfen. Für Wertschätzung. Leicht-Sinn und Frieden schließen. Und ich muss mich nicht für das eine oder andere entscheiden. Was für ein Privileg. Was für ein Vorrecht. Was für eine Erleichterung.

In Balance zu leben zwischen diesen Räumen, zwischen Schutz und Freiheit, Weichheit und Stärke, neuen Optionen und Perspektiven. Klarheit zu gewinnen. In die Weite zu gehen. Dich neu zu orientieren und aus- und aufzurichten. Aufzutanken. Zu entspannen. Dazu möchte ich dich weiter ermutigen.

Suche dir jetzt etwas aus, was für dich gerade dran ist oder dir beim Lesen und Schreiben wichtig geworden ist. Was dein Herz bewegt. Deinen Bauch. Deinen Kopf. Lass es Wirklichkeit werden.

Ich weiß nicht, was dir gerade durch Kopf, Herz oder Bauch geht. Ob du etwas verändern möchtest, neu genießen, anfangen, bearbeiten oder dich einfach endlich ausruhen willst.

Vielleicht bist du auch genervt vom Zer-Warten, dass sich irgendetwas ändert, von deinem Arrangieren in die Bequemlichkeit? Früher warst du leidenschaftlich? Du hattest noch Träume, jetzt sind sie im Alltagstrubel verschüttet worden, doch du hast Lust auf etwas Neues, Lebendiges?

Dann fang an. Suche und finde, was jetzt für dich dran ist. Mach einen Workshop dazu. Oder unterhalte dich mit anderen darüber. Trau dir etwas zu.

Eine Fortbildung, kreativ werden, Themen aus diesem Buch näher betrachten, Abenteuer erleben, dich versorgen lassen, ausruhen, Genuss, Stille, Entspannung, auf Partnersuche gehen, Reisen, deinen Schmerz versorgen lassen, dich mit anderen austauschen ...

- *Was tut dir gut?*
- *Was möchtest du Neues ins Leben rufen?*
- *Wer kann dich dabei unterstützen?*

_____

_____

_____

_____

_____

Es ist Zeit zum Aufbrechen.

Stell dir einmal vor: Als du erwachst, liegt ein roter Faden neben dir. Neugierig springst du aus deinem Bett, obwohl es sehr früh ist. Alles schläft noch. Nur die Vögel zwitschern. Die Morgensonne blinzelt dich an. Du ziehst deine allerliebsten bequemsten Schuhe an. Du steckst noch einen Schokoladenriegel ein, greifst nach dem Faden und folgst ihm.

Folge dem Faden. Wohin führt er dich?
Nimm dir ein Blatt Papier, stelle die Uhr auf zehn Minuten, schreibe nun los, ohne abzusetzen. Lass dich überraschen, was passiert.

Nach zehn Minuten klingelt der Wecker. Du setzt den Stift ab. Und liest, was du geschrieben hast ...

_____

_____

_____

_____

NACHWORT
Ausblick

Nein, dies ist noch nicht das Ende. Vielleicht gehörst du auch zu denjenigen, die, wie ich ab und an, erst den Anfang eines Buches und dann den Schluss lesen. Vielleicht bist du auch zurechtgestutzt worden oder hast dich selbst zurückgestutzt. Die Wildblume in dir ist noch verkümmert und verletzt. Das ist okay. Mir geht das auch noch oft so.

Vielleicht fühlst du dich schuldig, da du dich nicht gewehrt hast, so viele Dinge zugelassen hast oder dich weiterhin klein machst, weil du dich schwach fühlst. Auch das ist okay. Vielleicht denkst du auch: Das sind mir viel zu viele schmerzhafte Themen. Ich bin müde und enttäuscht. Ich möchte mich nur noch ausruhen. Auch das ist okay.

Vielleicht hast du immer noch Sehnsucht, dass es mehr geben könnte. Aber du weißt nicht, wie und wo du anfangen kannst. Auch das ist okay.

Ich weiß jetzt nicht, was dein Schmerz ist. Deine Leidenschaft. Deine Träume. Deine Wunden und Verletzungen. Dein Wunsch, warum du nach diesem Buch gegriffen hast. Doch ich kann dir versichern: Das ist noch nicht das Ende, sondern der Anfang von etwas Schönem.

Dieser Prozess ist nicht immer einfach. Und braucht Zeit. Auch das ist okay. Du darfst dir Zeit nehmen, in deinem Tempo gehen. Deine Erfahrungen machen.

Manches schmerzt sicherlich immer noch. Vielleicht fühlst du dich auch weiterhin müde und verletzt. Mir geht das oft noch so. Such dir Menschen, mit denen du darüber sprechen kannst. Manchmal denke ich, warum so lange, warum so schwierig, warum so anstrengend? Hätte es nicht etwas einfacher sein können, mein Leben? Und ist der Preis nicht manchmal zu hoch?

Ich bin nicht froh über diese schmerzlichen Erfahrungen. Aber ich bin froh, dass etwas Schönes daraus entstanden ist. Dass mein Leben Würde hat.

Und ja, diese Auseinandersetzungen haben mir auch Festigkeit, Wertschätzung und Gelassenheit geschenkt, und Gott ist da. Ist mit mir. Sieht mich. Ist unterwegs mit mir. Mit dir. Das ist großartig und erfüllt mein Leben. Macht mein Leben freier und weiter. Die Rebellin freut sich, endlich umsorgt zu werden. Die Mauerstürmerin darf sich ausruhen. Die vom aufpassenden Gottesbild Verwundete weiß: „Ich bin Gottes geliebte Tochter, Gott freut sich über mich. Versorgt und fördert mich, passt liebevoll auf mich auf." Die Krisenerprobte darf innehalten und ihr inneres Kind in den Arm nehmen. Und dennoch andere stark und kraftvoll begleiten. Die körperverleugnende, kognitive Frau darf sich berühren lassen.

Die Frau, die ich geworden bin mit allen ihren ängstlichen und kraftvollen Anteilen, schaut liebevoll und wertschätzend auf sich. Die ängstliche Beraterin steht zu sich, so wie sie ist. Und sie ist stolz auf sich. Wie wohltuend das ist.

Wenn du magst, erzähle von deinen Ideen, Projekten oder auch Träumen oder tausche dich mit anderen aus.

Ich habe selbst erlebt, wie großartig es sein kann, diesen Prozess gemeinsam mit anderen zu erleben. Das stärkt und ermutigt mich heute noch. Und es macht auch einfach viel Spaß. Es tut gut, Erfahrungen, Leichtigkeit, Pläne miteinander zu teilen. Sich später gemeinsam daran zu erinnern und sich gegenseitig zu ermutigen. Und zu erfahren: „Ich bin nicht allein".

Dafür biete ich dir gerne einen geschützten Raum zum Austausch an. Schreibe mir. Trage dich ein zu einem Newsletter zu diesem Buch, wo du weitere Inspirationen bekommst und dich in Webinaren oder einem Forum mit anderen austauschen kannst. Alle Infos findest du auf meiner Homepage: **www.elkejanssen.de** Ich wünsche dir ein kraftvolles Leben, mit Leichtigkeit, Vorfreude und Behutsamkeit.

Sei gesegnet. Du bist ein Segen. Schön, dass es dich gibt. Genauso, wie du bist.

Herzliche Grüße
Elke

QUELLEN

1 Lewis Carroll: Alice hinter den Spiegeln. Knesebeck 2015, S. 91.

2 Timo Platte: Nicht mehr schweigen, https://www.nicht-mehr-schweigen.de, abgerufen am 24.11.2021.

3 ERF – Der Sinnsender, https://www.erf.de, abgerufen am 13.12.2021.

4 Nach Marianne Williamson: Rückkehr zur Liebe. Goldmann 2016.

5 James Aggrey, Wolf Erlbruch: Der Adler, der nicht fliegen wollte. Peter Hammer 1985.

6 Anthony Bloom, russisch-orthodoxer Mönch, zitiert nach Rainer Schwing, Andreas Fryszer: Systemisches Handwerk. Werkzeug für die Praxis. Vandenhoeck + Ruprecht 2018, S. 327.

7 Wikipedia, „Abenteuer", abgerufen am 14.12.2021.

8 Rachel Joyce: Miss Bensons Reise. Fischer Krüger 2020, S. 9.

9 Ebd., S. 28.

10 Ebd., S. 26.

11 Ebd., S. 52.

12 Ebd., S. 150.

13 Ebd., S. 150.

14 Ebd., S. 160f.

15 Ebd., S. 192.

16 Ebd., S. 196.

17 Ebd., S. 185.

18 Ebd., S. 195.

19 Ebd., S. 151.

20 Ebd., S. 208.

21 Ebd., S. 208.

22 Ebd., S. 210f.

23 Ebd., S. 214.

24 Ebd., S. 225.

25 Ebd., S. 226.

26 Ebd., S. 243.

27 Ebd., S. 282.

28 Ebd., S. 329.

29 Ebd., S. 474f.

30 Ebd., S. 477.

31 Ebd., S. 467.

32 https://www.spirituelles-koerperlernen.de, abgerufen am 14.12.2021.